居家好風水

開運佈置DIY

胡山羽◎著

空間開運法

開運處方籤

神奇御守包

作者簡介

胡山羽老師

經歷

民國89年　中華民國道家學術研究會講師
民國90年　安泰人壽命理講師
民國90年　保誠人壽命理講師
民國91年　新加坡易經風水中心紫微斗數講師
民國92年　宏泰人壽命理講師
民國92年　越視健身俱樂部命理講師
民國92年　福爾摩莎婚友社命理講師
民國92年　蘋果日報〈命理專欄〉作者
民國92年　寶島之聲廣播電台〈下午：4—6時〉好運年年來命學節目
◎預定民國93年台北、中壢、台中、台南成立教學教室

著作

中華萬年曆
居家好風水—開運佈置DIY

Introduce

序

命理生活化，開運佈置不求人

胡山羽

「命理」只是一門整合各種知識的學問！其中包括有中國人最早的統計學概念，也有傳統文學的文化薈萃，當然還參雜著各家哲學思想，此外，還有天文氣象學的影子在裡面。正因爲綿密結合著許多中國人的傳統思想概念，才讓命理儼然成爲千百年來歷久不衰的行業之一，許多電視劇和小說故事的角色，似乎也都不能免俗的讓命理師或風水師參上一腳！

千百年來，許多命理師似乎也都不改其性、不破其戒地遵守一張桌子、一張椅子闖蕩天下，有的門派甚至還嚴格規定非貧即貪，不能靠洩漏天機發財致富，因為洩漏天機遭到天譴變成瘸子瞎子的似乎也大有人在，這也是許多編劇喜歡讓這些闖蕩江湖的術士硬生生當個瞎子的由來。

許多命理師與風水師，總喜歡將中國命理和一些傳統慣用的風水習俗說得像是神怪小說一樣，將一些奇門遁甲的陣法、風水的方位、時令時敘說得既神奇、又玄妙！非得到了讓人嘖嘖稱奇的地步，彰顯自己的學問淵博了才肯罷休，然而其實命理是可以更生活化，更被大衆所熟悉的。

命理並非一般人想像中的神奇古怪、玄妙離奇，只是隔行如隔山、學術有專攻罷了！只要深入學習、專心研究想要成為命理師並非難事，只是人各有命，人各有志，想要成為專業的命理師還是需要點機緣巧合。

寫這本書只是希望透過深入淺出的方式，把一般人不易懂的風水堪輿整理成簡單的文字與表格，讓大家也能輕鬆上手，透過淺顯的圖表檢測自己的居家環境風水好不好，更重要的是還可以自己動手DIY，打造居家好風水。

CONTENTS 目錄

part 2

開運處方籤

附錄

開運御守合集

導讀

Guide

本書特別依照「居家格局」與一般人「想改善風水的原因」，分別獨立成兩個部分來論述，一個是空間概念，一個是議題概念。

第一部分是「空間開運法」，主要就是按照陽宅的空間規劃，依照進入房子的動線，由外而內的一一介紹、解釋，章節內容涵蓋了大門、庭院、客廳、廚房、餐廳、臥房、陽台、廁所……等與風水有直接關係的空間。

第二部分就是「開運處方籤」，內容是以一般民衆尋求風水命理師協助的主要原因或目的，因爲平時大家不會沒事找命理師算命看風水，通常都是因爲感情、事業……等需求才來找老師的，也因此特別規劃了這個章節，分別就感情、婚姻、財運、健康、事業、考運、早生貴子等議題做介紹。

最後，則是免費贈送獨家的神奇開運御守包，包括了愛情、婚姻、家運、學業、健康、趨吉避凶……等等幸運符令，讀者可參考本書附錄裡的詳細介紹，了解使用方式後，再多多利用。

part 1

空間開運法

大門篇　座向方位大有玄機

庭院篇　庭園造景大有學問

客廳篇　採光植物大有來頭

廚房篇　正財偏財滾滾而來

餐廳篇　恩人貴人絡繹不絕

臥房篇　愛情婚姻全解析

廁所篇　仇家小人全都露

陽台篇　闔家安康指南

part 1 空間開運法

大門篇

「門」對人類建築來說，有著相當深遠的寓意，畢竟我們每天都得進進出出好幾道門，空間的磁場靈動力影響，自然也不可小覷。

座向方位大有玄機

「門」對人類建築來說，有著相當深遠的寓意，只要是建築物都會利用門來當做不同空間的區隔與保護作用。自從有了建築物之後，人類的活動自然也避免不了跟門發生關係，畢竟我們每天都得進進出出好幾道門，空間的磁場靈動力影響，自然也不可小覷。

風生水起好運來

不論是中國或世界各國的傳統建築，乃至於正在興建的摩天大樓，大門的方位與顏色都有它地理磁場上的考量。因爲大門直接牽涉到了房子座向的好壞，整棟房子的納氣與磁場靈動都全看這扇門了，萬一選錯方位，輕則屋主諸事不順，如果是本命較差的人住進來，嚴重一點的恐怕會落得傾家蕩產、家破人亡；相反的，好的大門方位配合不同屋主的命格之後，雖說不一定保證財源滾滾而來、坐享百世名利，但勢必可以爲屋主消災解厄，擋住煞氣或避開犯沖的太歲。

●居家大門的磁場靈動力，不容小覷。

每天進進出出的大門決定了房子的基本座向，在《陽宅集大成》一書裡就提到了陽宅風水有三要「門、房、灶」，從大門被列居首位，就不難看出它的重要性。如果座向不好、大門格局不適合，房子也沒有變動格局裝潢來解煞，或是利用開運吉祥物來趨吉避凶，我想就算屋主天生本

●故宮一帶依山而建，援水而築、地氣佳的別墅。

命再怎麼的優越也是枉然。

從中國歷代宮城的建築與現代各知名企業的大樓座向，就不難得到印證。舉例來說，台北市的新光三越百貨不論是站前店、南西店或信義店，大門皆爲同一個座向，據說都是經過高人指點慎選的金店面；如果將中國大陸的古代建築一併拿來做比較就更有趣了！最經典的莫過於筆者去過兩、三次的道教仙山「武當山」。武當山有上百個星羅棋布

的宮貫，每個宮貫都是依山而建，援水而築，從座向到山勢水流的地理五行都極盡講究，就連下樁上樑的時辰也得抓個精準。

再看看北京與台北的故宮，甚至到中國國民黨位於中山南路的中央黨部大樓，在堪輿風水上都有它錙銖必較的考量，許多名門政要或豪門巨賈的超級豪宅，也都是先經過命理風水師的指點，才請室內設計師裝潢的，甚至還有事先請命理風水師選好地段，確認方位和磁場才動工興建呢！

台北信義計畫區緊鄰象山的幾棟千萬豪宅，就是命理風水界公認的超級藏龍穴，更重要的是這些房子的座向很有趣。一般來說，房子背後有座山是不錯的靠山格局，事事容易有人相挺，對屋主的人際關係與貴人緣都會有所助益。然而，在信義計畫區裡的這幾棟豪宅卻是面山的，外行人都認爲這不符合風水格局，但就專業風水來說，它可是爲了「迎龍進門」，迎接「祥龍之氣」的設計。象山的藏龍穴就是信義計畫區之所以成爲名人相爭，有錢還不一定買得到的超級地段，舉凡演藝界的張小燕、朱延平，知名運動俱樂部董事長唐雅君都是這一帶的住戶，演藝界對象山一帶豪宅極度心儀的還包括有當紅的一線大牌主持人與創作型的超級偶像明星。

至於一般尋常百姓的居家風水其實也大有學問，相信大多數讀者對「坐北朝南」這個衆所周知的方位一定不陌生，但這並不意味著坐北朝南就一定是唯一最好的大門與房屋座向，畢竟風水是會隨著歲令時序輪流轉換的，就像每年會有不同的生肖犯太歲一樣，也就是說所有的建築、大樓的座向並沒

有此一說

居家風水不是只要座向好就可萬事皆吉，其實隨著時節的變化也會遇上煞氣的。「犯太歲」就是最好的例子，其他像是風水上的「二黑」、「五黃」等都是不好的時節煞氣。不過，讀者也毋須太擔心！你只要運用養烏龜就可以化解。建議可以在窗台和進門口處附近養烏龜，至於養多少隻烏龜呢？最好養九隻，因為烏龜的龜殼就是一個八卦，而數字九是個位數的極數（純陽之數），在《中國吉祥物》一書中也有記載烏龜是屬於吉祥的動物。

●烏龜的龜殼就是一個八卦，可化解煞氣。

有絕對的好與壞，而是必須配合屋主的生肖和當年的大地吉方（也就是流年的吉位）才算精準。

八卦遊年

流年的吉位可以從命理「八卦遊年」來推算，八卦遊年有四個吉位和四個凶位，也就是說每年的東、西、南、北加上東北、東南、西北、西南這八個方位，其中四個是凶的方向、另外四個是吉的方向。該方位的吉凶會隨著天干地支的年次而異動，四個吉方分別爲「生氣」、「天醫」、「延年」和「伏位」，而四個凶方則是「五鬼」、「六煞」、「禍害」及「絕命」。

・生氣吉方

有助於屋主的活動力，是陽宅風水的第一吉方，大門往這個方向開可以讓你活力旺盛、精力充沛，就事業與學業來說有很好的助力；如果婦女住在家裡的生氣方，則比較容易生男孩。

・天醫吉方

顧名思義就是有助於屋主的身體健康，這個方位有助於加強屋主身體健康的磁場，凡是家裡有人久病不癒或體質衰弱經常生病的，老師都會建議選擇大門朝向天醫方的房子。

・延年吉方

當然就是可以讓屋主延年益壽的最佳方位，就陽宅的吉方位來說，延年吉方是排名第三順位的，除了可以延年益壽抗疾病侵犯之外，對於感情滋長與家庭婚姻的和諧也有幫助。

・伏位吉方

是最基本的吉祥方位，可以讓你闔家平安，這個方位拿來當做大門的出入口、臥室、書房，甚至安神位祖先都是不錯的。

・絕命凶方

居家風水的極煞位，是最不利的方位，在陰陽五行裡算是極陽過盛的，帶沖的方位不但容易造成屋主的意外血光之災，對於健康與財運也會有負面的影響。

・五鬼凶方

是極陰之位，容易遭到竊盜、搶劫、火災、患病，是最容易招來陰氣的方位，也是居家風水的第二凶方。

・六煞凶方

是每個人的第三凶位，常會招惹莫名其妙的是是非非，最容易犯小人的方位，許多惹上官司的人，都是因爲家裡的大門不偏不倚的正對六煞凶方。

・禍害凶方

由於是五行相剋的關係，所以磁場經常處於不穩定的狀況，容易造成屋主的情緒不穩定，精神狀況不佳。混亂的氣場，不僅容易招來糾紛與仇怨，住在這種無法藏風聚氣的房子也比較容易生病。

居家大門方位檢驗DIY

爲方便讀者直接檢驗自己的居家大門方位吉凶，筆者把未來幾年的吉方與凶方以表格列出來，你就可以拿著指南針檢測一下，到底現在居住的房子，大門是朝向吉方還是凶方。

如果是吉方，恭喜你；萬一是凶方，筆者同樣也要恭喜你，因爲你找到霉運的源頭了。在這本書裡，會依照生肖再配合陰陽五行一一告訴大家，如何破解房子的凶煞方位、如何趨吉避凶。如果你現在是正要找新房子的人，更可以利用這張表格來尋找最理想的方位，買到適合自己的房子。

．房屋吉、凶座向一覽表：

房屋的座向	吉方 生氣	吉方 天醫	吉方 延年	吉方 伏位	凶方 絕命	凶方 五鬼	凶方 六煞	凶方 禍害
坎宅：坐北朝南的房子	東南	東	南	北	西南	東北	西北	西
離宅：坐南朝北的房子	東	東南	北	南	西北	西	西南	東北
震宅：坐東朝西的房子	南	北	東南	東	西	西北	東北	西南
巽宅：坐東南朝西北的房子	北	南	東	東南	東北	西南	西	西北
乾宅：坐西北朝東南的房子	西	東北	西南	西北	南	東	北	東南
坤宅：坐西南朝東北的房子	東北	西	西北	西南	北	東南	南	東
艮宅：坐東北朝西南的房子	西南	西北	西	東北	東南	北	東	南
兌宅：坐西朝東的房子	西北	西南	東北	西	東	南	東南	北

十二生肖最適合的顏色、方位

萬一發現房子的座向不是很好，也不用急著換房子，因爲命理夾雜天文星相、宗教文學等各種知識，各門各派的說法也莫衷一是。但就命理風水師來說，各家說法其實都有它可以參考借用的優點，以居家大門的方位來說，其實還有另外一種吉祥方位的選定方法，那就是依照出生年次來做判別。遠從西漢開始，中國人就盛行依照星象來卜卦預測未來，因爲每年都會有不同的星象出現，所以每年的星象名稱也都不一樣，最

●找出與自己生肖適合的房屋座向可開運招財。

後被整理成天干地支，六十年一個循環這樣的時令規則。

為了方便讀者選定適合的吉祥方位，筆者透過天干地支搭配九宮方位，分別將男生與女生的吉凶方整理成表格，供大家參考。由於理論的派別不一樣，所以吉凶方位之間或多或少會有所出入，通常只要符合其中之一即可。

・依出生年次而定的吉方：

〔舉例〕民國54年出生的男生適合居住房屋的座向有：坐西南朝東北，坐西朝東，坐西北朝東南，坐東北朝西南。

〔舉例〕民國61年出生的女生適合居住房屋的座向有：坐西南朝東北，坐西朝東，坐西北朝東南，坐東北朝西南。

（女命）出生年次	（男命）出生年次	凶方 禍害	凶方 五鬼	凶方 六煞	凶方 絕命	吉方 延年	吉方 天醫	吉方 生氣	吉方 伏位
8、17、26、35、44、53、62、71、80、89、98	2、11、20、29、38、47、56、65、74、83、92	東南方	東方	北方	南方	西南方	東北方	西方	西北方
9、18、27、36、45、54、63、72、81、90、99	1、10、19、28、37、46、55、64、73、82、91、100	北方	南方	東南方	東方	東北方	西南方	西北方	西方
1、7、10、16、19、25、28、34、37、43、46、52、55、64、70、73、79、82、88、91、97	9、18、27、36、45、54、63、72、81、90、99	南方	北方	東方	東南方	西方	西北方	西南方	東北方
2、11、20、29、38、47、56、65、74、83、92	8、17、26、35、44、53、62、71、80、89、98	東北方	西方	西南方	西北方	北方	東南方	東方	南方
3、12、21、30、39、48、57、66、75、84、93、	7、16、25、34、43、52、61、70、79、88、97	西方	東北方	西北方	西南方	南方	東方	東南方	北方
4、13、22、31、40、49、58、67、76、85、94	3、6、12、15、21、24、30、33、39、42、48、51、57、60、66、69、75、78、84、87、93、96	東方	東南方	南方	北方	西北方	西方	東北方	西南方
5、14、23、32、41、50、59、68、77、86、95	5、14、23、32、41、50、59、68、77、86、95	西南方	西北方	東北方	西方	東南方	北方	南方	東方
6、15、24、33、42、51、60、69、78、87、96	4、13、22、31、40、49、58、67、76、85、94	西北方	西南方	西方	東北方	東方	南方	北方	東南方

註：(1)依民國年次為準
(2)紅字出生年次為範例

☆大師來破解

大門路沖帶煞又散財，屏風、八卦鏡可化解

大門路沖就居家風水來說，是相當大的忌諱。不單單是容易讓錢財流失，更容易因爲竄進屋內過盛、過強的氣流而帶來煞氣。這種無法藏風聚氣、磁場不穩定的格局，還會造成家人的口角糾紛與血光之災，筆者通常都是勸住戶盡量避開，如果無法搬遷，就得利用八卦鏡與屏風這兩樣東西，同時搭配才能化解。

屏風是用來阻擋緩和直衝而來的煞氣；而鏡子可以反射光源，所以八卦鏡是用來回擊、反守爲攻，將迎面而來的氣給一一擋回去

的。如果房子是朝向吉方，閒來沒事你卻在門樑安上一面普通鏡子，原本可以納進的吉氣自然都會被這面一般的鏡子給擋掉，這時就需要利用八卦鏡的陰陽乾坤與五行來調和，利用它幫你調和什麼氣該擋掉或回擊，什麼氣可以納進來。

化解的方式並不難，首先必須在大門外的門樑中心，安上一個八卦鏡，屋內客廳則需要再安上一扇屏風，屏風的高度盡量高到可以遮掩每個家人看到門外大馬路的視野，如此一來就可以化解路沖的影響了。

禁忌大公開　霉運不要來

當「門當戶對」這句話變成現實生活的陽宅格局時，可就大不妙囉！主要是因爲就磁場上來說，兩戶會有相斥與相沖的情形產生。這倒不是意味著兩戶人家容易起衝突，而是兩戶人家因爲磁場互沖，有時會出現爭搶吉氣、互推晦氣的情形，兩戶人家都容易有心浮氣躁的狀況產生，容易與人有口角紛爭。這個時候，通常會有一戶的磁場比較差，而且多半是靠近下樓樓梯口的這一家比較差。許多一般公寓都是這樣的格局，化解門戶相對的根本辦法就是移動其中一個門位，當然這對很多人來說恐怕比登天還難，因此就得運用其他的方式來化解了。

千萬別自以爲聰明的想要利用鏡子或八卦鏡來化解門沖，因爲鏡子與八卦鏡多半是風水設局或奇門遁甲用來攻擊鬥陣用的，除非對方對你有害，或者對戶人家不幸的是凶宅，才能使用這個方法，否則很容易造成兩戶人家的口角與不和睦。而最簡單的化解方式有以下這三種：

1.在屋外門樑上面，貼上與門樑寬度一樣的紅布，紅布不用太長，約莫20～30公分左右，主要的用意是拿來「沖喜」、「添吉氣」。

2.在門樑上擺設珠簾或屋內設置屏風，以利減少相沖的磁場效應。

3.如果你覺得在大門掛上紅布或珠簾不適合家裡的裝潢格調，也不想在屋內擺設屏風，這時就可以將一個內裝七顆紅豆的紅包袋，捲起來貼在屋內的大門門樑正中央處。這是取自奇門遁甲「七星鎮樑」及「點豆成兵」的用意，可以穩住自大門而來的氣動與磁場。

時來運轉

開運小撇步

大門代表居家門面，就如同人的面子一樣。更換新的大門或顏色都代表一個陽宅的「蓄氣」，有些命理師會稱做是「搶地氣」。所謂「蓄氣」或「搶地氣」就是代表附近的吉氣會集中在此或往這個地方傳動。人在倒楣的時候，也可以利用更改大門的顏色來改運，更改的時機與適合屋主的顏色，主要是依照房子的座向時節與方位的陰陽五行來推算。如果覺得自己近來諸事不順，建議你不妨利用更換門板或重新漆色，爲自己帶來好運氣。

・居家趨吉避凶 大門更改時機與顏色表

房子朝向	新門的顏色	適合換新或上漆的季節
南	白鐵、象牙白	秋天和冬天
西、西北	白鐵、米黃色	春天和冬天
西南、東北	鐵灰、墨綠色	夏天
北	白鐵、暗紅色	春天和夏天
東南、東	灰白、金色	秋天

風水大揭密　好運擋不住

吉方會隨著歲次而變化，每棟房子的吉方自然也會跟著異動。此時就需要以各種開運的特殊擺設來化解，這也就是爲什麼有些大樓中庭會有特殊的假山假水造景，有的還會每年變化佈置。要更改大門的方位必非易事，對於大門恰好今年是面向凶方，所納之氣爲凶的情形時，可以透過下面三個步驟來化解：

步驟一　在大門門檻內安放有龍、鳳圖案的圓形黃金各一個（金箔即可，也可用銅幣或其他金屬材質替代）；沒有門檻的也可以壓在地毯下方或埋在踏進大門處的地下，主要是取其「乘龍駕鳳迎祥瑞」的用意。

步驟二　在門樑上面由左至右，分別放置五個五帝錢。「五帝錢」是化煞護身的吉祥物，是清朝流通在順治、康熙、雍正、乾隆、嘉慶這五代全盛時期的古錢，由於經過百年上千萬人輾轉流傳，吸收無數人的靈氣，具有傳動能量的磁場效應。

步驟三　大門進出口處，在天花板上，鑲嵌七盞亮燈，也就是安置「七星燈」，設置在屋內屋外皆可。根據《皇極經世書》的記載，七星在陰陽五行裡皆屬陽，就星相學來說它是天體運行上不變的七星鎖地陣，所以具有穩定磁場的效用，七星燈不只可以用來壓鎮不穩定的氣流及穩定磁場，還可以抵擋陰晦的髒東西，防止陰間的孤魂野鬼等不速之客。

●七星燈可壓鎮不穩定的氣流。

有此一說

市售仿古的銅錢，未經輾轉流傳，能量不及真正古銅錢；畢竟真正從清朝流傳到現代的古銅錢數量不多，但一般仿製銅錢只要經過專業命理風水師開光加持，仍可達到一樣效果。使用真五帝錢需要注意一點，由於有些五帝錢曾經是陪葬品，儘管具有強大的化煞功效，但若未經命理風水師的由陰轉陽大法開光加持，古錢在地下所凝聚的陰氣，反而很容易招惹邪靈，招來陰煞。

◎大師叮嚀 好運連連

一般家庭通常都會在大門附近擺設鞋櫃，由於鞋子帶有晦氣，所以不可以隨意擺設，應該以密封式鞋櫃擺放爲佳，而且要將鞋櫃擺設在大門的白虎方位，也就是朝屋外看的右手邊，所謂的左青龍、右白虎，就是這樣看的。青龍邊是吉方，用來迎吉氣的，所以鞋櫃如果放在大門入口處的青龍邊，就會讓吉氣與晦氣混雜在一起。

陽宅鑑定超Easy不求人

居家風水大檢測

大門篇滿分為100分，依據下表便可算出居家大門風水的好運指數喔！

	鑑定項目	指數	說明
1	大門路沖	-20分	大門正好是路的盡頭或轉角處。
2	大門前有橫式大障礙物	-20分	大門前有高架橋、鐵軌等障礙物。
3	大門座向鑑定一	-15分	根據房屋吉、凶座向一覽表，檢定大門方位，凡是位於凶方者扣15分。
4	大門座向鑑定二	-15分	根據出生年次判斷吉凶方位，凡是位於凶方者扣15分。
5	大門前有直立式障礙物	-10分	大門前有路燈、電線桿、紅綠燈、樹木等直立式障礙物。
6	八卦鏡沖煞	-10分	遭對面鄰居大門安置的八卦鏡沖煞。
7	大門龍邊有穢氣	-5分	大門入口的龍邊有餿水桶、垃圾桶、鞋櫃等帶有穢氣的東西。
8	大門與鄰居相對	-5分	這裡指的是進到家裡客廳的門，如果與鄰居大門恰好正對的情形。

庭院篇

庭院掌控著居家風水納氣的第一關鍵。就風水來說，庭院講求的不是方位座向，而是高低開合的氣流動線、大小與位置的安排。因此，在庭院的大小、採光、植物、造景乃至於出入的動線，都需要特別注意。

庭園造景大有學問

大門主宰著居家風水方位的第一關鍵，庭院則是掌控著居家風水納氣的第一關鍵。就風水來說，庭院講求的不是方位座向，而是高低開合的氣流動線、大小與位置安排等等；房子的大門座向如果不符合流年的吉方，就得在院子裡運用奇門遁甲化解，也就是說多了庭院，就有更多風水改運可以發揮的空間。

時來運轉好運到

庭院的大小、採光、植物、造景乃至於出入的動線，其實有很多地方需要注意。大而不當的庭院反而會變成氣衰的凶宅；而種植的植物若是過多、採光不佳時，會容易造成屋主與人有財務上的糾紛，庭院也容易成爲聚陰的磁場；如果假山假水的造景失當，更容易因爲水的流向或假山的坐勢不吉利，而破壞家裡的整體風水。筆者就經常發現，有很多大樓或有庭院的房子，大門的方位好得沒話說，可惜的是庭院裡的池塘偏偏安錯位置，河流造景的流向或假山的坐勢偏偏方向不對，好端端的風水也

●假山假水的造景須特別注意。

●孔子廟

就這樣被破壞殆盡了。

利用庭園造景將風水發揮得淋漓盡致的歷代建築很多，座落於台北俗稱大龍峒的孔廟就是一個不錯的例子。孔廟有一面象徵孔子學問仰之彌高的萬仞宮牆，宮牆的背後就是一個半月型的「泮池」，它有雨露均霑迎來潤澤之氣的用意。另一個經常被提到的例子則是龍山寺，進門後右手邊的山水造景，由於山勢水向得宜，風生水起的環迴聚氣與龍山寺的香火鼎盛有著密切關聯。

約莫十年前，知名建商在台北縣新店郊區打造了當時號稱「金鑽級」的別墅社區，一棟棟的別墅依山而立，靠著山丘面向大台北盆地，就風水山形格局來看都相當不錯，許多藝人也紛紛相約在此定居，然而住進來的藝人卻都出現了星途走下坡的窘境，唱片越賣越差、戲越接越少，不是合約出問題就是經紀人落跑不給錢，

●孔廟裡的「泮池」，有雨露均霑、迎來潤澤之氣的用意。

就連住進來的中小企業老闆們生意也一落千丈，直到部分藝人和中小企業老闆們紛紛搬遷，有戶人家請來風水師堪輿的時候才發現，原來主要的問題出現在社區大門入口處的山水造景設計，違反風水的納氣迎財原則，這才讓居住在這裡的人出現無法守財聚財的「無財庫格局」。

有庭院可以利用風水來造命改運固然是件好事，但就如同前面所提到的，如果不諳命理隨意配置，有時候反而會讓陽宅變成不折不扣的凶宅，甚至是衆人所稱的「鬼屋」。如果沒有改變庭院的格局動線，住進來的人過沒多久一定就會搬走，如果拿來當做店家，一定也會開了又倒、再開一樣倒。

庭院並非只要大就好，就拿發生在彰化二林鎮富商全家離奇失蹤的命案現場來說，由於庭院過大，形成孤虛無援的格局，沒有足夠的樹蔭遮掩庇佑住宅，加上事發當年房子的座向恰好遇到煞位，偌大的庭院也沒有做任何風水格局上的安排，像這種過大的庭院，就陽宅風水來說反而適得其反。

逢凶化吉，趨吉避凶的庭院造景

既然庭院是居家風水造命的好地方，自然就得弄清楚該如何擅用這塊可以讓屋主逢凶化吉，趨吉避凶的空間。

庭院風水最重要的就是山水造景以及出入動線。以中國傳統繪畫來說，從松、竹、梅、蘭、菊到鶴、鳥、魚、馬等等，這些動植物之所以會經常出現在畫作當中並非偶然，往往都是取其文字與圖像上的吉祥寓意；就居家風水來說，你所種的植物，其實都跟風水有著密不可分的關係。

有此一說

古代天文官，在觀測天象的時候，最注重的就是「三光之氣」。也就是指日光、月光和星光，代表著日月菁華之氣，從大門步入屋內庭園的小徑，就必須保持隨時可以接受三光照射的狀態，才能聚集日月星辰的磁場，如此一來有助於保持陽宅的陽氣與地氣，而不會受到陰邪暗晦之氣的侵擾，屋主自然可以常保身體健康、精、氣、神飽滿。

、庭院以竹造景，可搶、聚地氣，鎮守宅邸

以植樹來說，種類不要過多，以免形成雜亂無章與不穩定的磁場；如果庭院有種樹就必須注意一下茂盛程度，最忌諱的就是樹蔭將出入的大門遮住，形成晦陰磁場的大門，容易引來孤魂野鬼；庭院的落葉也必須時常打掃，過多的落葉不但會讓庭園顯得生氣衰弱，更容易形成陰的磁場。

至於樹木的種類，

●水流一定要向屋內，才能納財。

筆者則建議千萬不要栽種榕樹，因爲榕樹會聚集陰氣；所有的植物以竹子最佳，因爲竹子可以用來搶地氣，也就是說它會將方圓附近地底下的氣吸收過來，形成一股穩定而且凝聚力強的磁場，可以化解煞氣鎮守宅邸。

至於栽種的位置和數量也必須注意，最好種在房子的青龍邊（朝大門外看，會在左手邊），必須是單數，如此一來，就可以將鄰近的地氣匯集到屬於吉祥方位的青龍邊，不論是庭院或房子皆可因此達到藏吉風、聚好氣的目的了。

．山水涓瀑宜在青龍邊

「風生水起」這句話點破了「水」在命理上的重要性。以台北知名的KTV連鎖店來看，就可以發現許多分店都會利用小池塘或噴泉來造景，原因無他只爲了招財納財。一般居家庭院也是一樣，由於水氣可以帶財更可以聚財，假山造景或石刻雕塑，則可以用來穩定地氣和磁場，所以在青龍邊或財位上設置水池噴泉或流水的山水造景，就可以形成更穩定的聚財磁場，唯獨需要注意的是，水流的方向一定要朝向屋內，才能納財。（設置假山假水的方位最好在西方、西北方、北方。不宜設置在白虎邊，因為白虎屬於凶位，磁場浮動不穩定。）

·車庫或車道出入口宜在白虎邊

有些人會將庭院的一角拿來當做是停車位，但因為車子容易影響到磁場與氣流的穩定性，所以停車位或是車庫的車道出入口，就不能安置在需要穩定磁場聚財納氣的青龍邊，而要選在白虎邊（也就是面對大門外面，庭院的右手邊）。

‧青龍進門 白虎出門

因爲青龍邊，是用來聚氣的吉位，可以凝聚各種好的靈動力與財氣，所以進出家門的時候，應該從青龍邊進去，將財氣帶進家門。因此，有庭園的大樓式住宅，筆者會建議在動線規劃上，盡量取其「路吉」來增加磁場的靈動力，進出大門要從青龍邊進入，走進屋子大門步入室內時，最好也是從青龍邊進入，久而久之自然可以多帶一些財氣與吉氣進家門。

另外一個套用俗話的說法則是，如果從白虎邊進門，似乎就意味著「羊入虎口」這樣的凶兆，雖然沒有命理上的根據，倒是可以讓大家更容易記住爲什麼要從青龍邊進門。

時來運轉 開運小撇步

相信許多人都看過燕子在住家騎樓或陽台屋頂築巢的畫面，但一定還有人不知道爲什麼大部分的屋主不會去把燕巢給拆掉。其實，這是有習俗風水上的考量。眞正具有靈動力、有生氣的房子，才會招來這些習慣四處遷徙的燕子居住，院子裡能夠經常有蝴蝶或鳥類出入，其實都有助於增加這棟房子的生氣。

筆者建議可以在院子裡設置一個固定的飼料皿和水杯，平常就裝一些豆類、鳥飼料和水在裡面，這樣子會引來一些鳥類覓食休憩，自然可以增加院子裡的生氣；更重要的是，自古以來許多命理師都會建議巨商富賈或達官貴人利用「養鳥」來避官司

●小鳥會為居家帶來吉氣。

●庭院栽種植物，必須勤加照料。

訴訟，所以庭園如果經常有小鳥飛進來或者是直接在此安置鳥籠養鳥，除了可以聽到悅耳的鳥叫聲，還能夠增加房子的生氣並避開不必要的官司訴訟，可說是一舉數得呢！

禁忌大公開──霉運不要來

房子如果有樹木庇蔭固然是好，但如果庭院內的樹木過多，樹葉過度茂盛反而很容易形成陰地；再者，奇門遁甲當中有一種佈陣，就是利用樹木栽種位置的巧妙安排，形成一種極煞之地；過去是用在戰場殺戮上的，只要先設好這種所謂的「屍坑穴」再將敵軍引誘進去，就可以一舉成擒悉數殲滅，曾經轟動一時的桃園縣長劉邦友官邸血案，相傳就是因爲官邸植物過度茂盛又未經修剪，植物的排列位置恰好形成「屍坑穴」，才讓會官邸變凶宅的。因此，筆者建議在庭院栽種植物最保險的方式就是，井然有序的排列成行，並記得要勤加照料、修剪。

☆大師來破解

車庫走道在虎邊，植栽造景來化解

如果車庫或地下停車場的出入口車道，位在庭院或大樓的青龍邊（面對屋外，在左手邊），不可能大興土木變動位置的時候，有兩個最簡單的方式可以化解來穩定磁場。

一、栽種植物法

在車庫靠近屋子的這一邊或者是車道正上方的平台，栽種一排可以調整氣場的植物，例如：萬年青、富貴竹、巴西鐵樹、紅竹或矮劍竹等。

二、山水造景法

就是在房子的青龍邊設置假山和水池，來穩定磁場，但切記水流必須向屋內流動。

風水大揭密——好運擋不住

・種對植物招好運

「奇門遁甲」設陣鬥法當中，植物是經常被用到的媒介與工具。其中有許多種植物，由於流傳許久已經成為平常百姓家裡常見的點綴盆栽。生生不息的植物象徵一種生氣，從植物生長的方向、茂密程度、顏色、凋萎狀況，都可以看出居家環境的磁場好不好。

居家盆栽的植物是不能亂種的，有些植物招陰，容易惹來邪氣，有些則是招忌，容易引來小人覬覦。所以你會發現大部分的家庭會種的盆景就是那幾種，多半升官開市會送的盆景也還是固定的種類，可別認為老送一樣的盆景是沒有創意的行為，這多半是有根據的，所以筆者要勸你盆栽別亂種、盆景別亂送。

・居家趨吉避凶 開運植物表

功能	植物名稱
祛邪、驅鬼	仙丹花、水仙
擋煞	龍吐珠、九重葛
辟邪	劍蘭、福蘭
調整氣場	富貴竹、萬年青、巴西鐵樹、紅竹
招財	荷包花、銀柳、鳳梨花

●萬年青是可以調整氣場的植物。

◎大師叮嚀 好運連連

粗鹽是奇門遁甲設陣、破陣的利器，傳到東瀛之後，日本道教也開始宣揚在店面和住家擺設粗鹽開運招財，將粗鹽開運的方式發揚光大，這也是台灣日本料理店與部分商家，會在大門兩側或店內擺設鹽皿的用意。粗鹽乃天然海水結晶而成，經過日月精氣的薈萃，磁場靈動遠比一般加工後的食鹽強大，不但可以趨吉避凶，更可以招迎財神，鎮宅穩氣。筆者建議你，可以在每月的初一或十五，到家裡附近的土地公廟上香祈福，並將粗鹽在香爐上面順時針向左繞三圈，然後再右繞三圈，拿回家之後撒在庭院，可以增加宅邸避邪去陰的磁場。

陽宅鑑定超Easy不求人

居家風水大檢測

庭院篇滿分為100分，依據下表便可計算出居家庭院風水的好運指數喔！

	鑑定項目	指數	說明
1	庭院過度空曠沒有植栽	-20分	庭院沒有任何的植物，過度空曠，房子完全沒有遮掩，很容易形成孤立無援的「孤虛」格局。
2	青龍邊有穢氣	-20分	宅邸永遠聚不了財，也無法藏納吉氣。
3	庭院水池流向屋外	-20分	代表散財，漏財無財庫。
4	樹蔭庇日陰暗潮濕	-15分	容易聚陰氣，引來陰界的好兄弟。
5	車庫出入口位於房子的青龍邊	-15分	宅邸住戶將無法安穩過日子，諸事浮動，心情浮躁。
6	庭院內落葉過多植物種類過多	-10分	宅邸無法收到日月光線，容易匯集陰穢之氣。

part 1 空間開運法

客廳篇

客廳是居家風水納氣的第一個空間，決定了一家人的明財位、貴人運、身體健康以及工作事業，所以舉凡家具的擺設、窗戶窗簾的安排都很重要。

採光、植物大有來頭

客廳是居家風水納氣的第一個空間，對身體健康的影響極爲重要。由於客廳不只是全家人相聚休憩娛樂，也是接待客人的場所，屬於半開放的公共空間，所以，沙發茶几的擺設都牽動著屋主的人際關係以及全家人的互動。就居家風水來說，客廳的格局、擺設與座向可以看出屋主與全家人的整體運勢，包括財位、貴人、身體健康、工作事業等。

福星高照財神報到

《中國方術全書》裡就提到了居家風水首重「明廳暗房」，這點證明了居家客廳的採光一定要充足，爲納進足夠的自然光線，白天一定要讓陽光映射進來，空氣的流通也要順暢。客廳的財位（也可稱爲居家風水的明財位）就位在大門進來的斜對角，這裡必須保持乾淨整潔，放置開運招財的擺設是再好也不過了。

就中國傳統建築來說，以中原南方傳統四合院的建築爲例，廳堂的設計，最講究的是採光納氣，可說是風水運用的經典。正四方、前後採光、左右迴旋納氣、台階高起（客廳地勢比院子高）、主位環視、左右客座……等等，這些古裝電視劇裡，刻板印象極深的格局，至今不只在一般四合院可以看見，大部分的陽宅風水也都依循著這樣的規則，許多名人的豪宅與官邸更是如此。

毛澤東在西元一九六〇至一九七四年所居住的東湖畔梅嶺一號行館，其客廳就充分利用了正四方、前後採光、左右迴旋納氣……等風水的安排。唯獨梅嶺官邸落地窗外，那片用來隱匿遮掩官邸內部動向的樹林，過度茂密樹木的栽植陣形凌亂無章，形成了一種過陰的氣場，使得原本帶財可以潤澤宅氣的東湖水氣無法順勢納進屋內，實爲可惜。

要說到名人豪宅，演藝界可是多到不勝枚舉，艾迪貝爾集團的大老闆何忠雄可說是演藝界衆所週知的海派「有錢人」，許多備受青少年歡迎的藝人與綜藝節目都是出自艾迪貝爾集團，台視的「少年兵團」就是極盛一時的超紅節目。何老闆的豪宅從戶外大門到庭院、再到居家大門；從客廳到屋內的廚房，順勢而上，順氣而進，客廳的沙發擺設更依循著左右客座的格局，也難怪何總裁在電視媒體圈與政

●居家風水首重「明廳暗房」，白天一定要讓陽光映射進來，空氣的流通也要順暢。

商名流中，處處得以左右逢源。

擅用明財位　財源滾滾而來

誠如剛才提到的，客廳決定了一家人的明財位、貴人運、身體健康以及工作事業，所以舉凡家具的擺設、窗戶窗簾的安排都很重要。從大門一進到屋內，比較長的斜對角處就是家裡的明財位，這兒的擺設和採光相當重要。首先你必須搞清楚明財位的位置，而最簡單的方式，就是大門一進來，往客廳看，較長的那一個對角線所指的地方準沒錯。如果不太確定，建議還是請命理老師看過，畢竟這可是攸關著全家人的財運。就筆者所知，許多命理老師都會提供傳眞回函的服務，只要你把詳細的平面圖傳眞給老師，老師都會直接在你的平面圖上，圈畫出財位的確切位置。

既然稱作是「明財位」，就需要保持明亮、顯眼，最好是在三光（日光、月光、星光）可以照射得到的地方，這裡的財運靈動力較大，萬一安錯東西都可能會讓你破財、漏財甚至是無庫可以留財。

針對明財位，老師會建議你在這裡擺設有土壤的木科植物小盆景或擺設有水流的小造景盆栽；此外，魚缸也非常適合。因爲水可以帶財，土壤在五行上本是屬於「土」，土可以生金，而金又生水，自然就可以帶來財運。要注意的是，魚缸的水和水流的盆景，一定要讓水保持流動的狀態，才能讓財氣涓涓不息，財源滾滾而來；如果客廳明財位的角落不夠明亮或沒有靠窗也沒關係，我們可以在天花板上裝個黃色的投射燈向下照射，如此一來就能夠讓財位明亮起來，加強磁場。

●水可以帶財，因此針對明財位，建議可以擺放魚缸。

有此一說

鏡子在奇門遁甲裡是種攻擊性很強的法器，一般鏡子可以反擊煞氣，至於開過光的八卦鏡更可以利用反射原理，採取先發制人主動攻擊的對策；正因如此，所以必須提醒大家在鏡子的擺設上，至少有以下兩點要特別小心：

1. 鏡面不宜過大、高度不宜過低

鏡子過大會造成客廳過多光源的反射，不利於磁場的穩定；鏡子吊掛的位置如果過低會影響家裡的地氣，擾亂磁場，家人容易心不在焉、心煩意亂。

2. 鏡子切勿正對大門、神明廳與走廊

可以照到全身的大鏡子如果正對大門，將會把所有納進來的氣擋出去，即便是安裝在大門上方的八卦鏡也不會像全身鏡這麼大；如果鏡子正對神明廳，會造成神明廳的氣沖，極為不敬；另外，鏡子正對走廊，雖然可以延伸視野，但這種引虛的格局，容易造成屋主眼花撩亂事事難成，很多事情都會不了了之沒有結果，事業不順，也容易找不到工作喔！

●在鏡子的使用上有很多要特別小心之處，讀者必須謹慎擺設。

照亮玄關迎財神 保持通風納吉氣

很多人都誤以爲玄關只是用來美化空間，讓人們從大門走進客廳會有空間上變化的感受，其實不然。對命理風水師來說，玄關可是大有來頭喔！主要是因爲，陽宅講求的是「藏風聚氣」，想要納得吉氣，藏得住吉氣，能否藏住好氣，擋得掉煞氣，玄關就是個相當重要的地方。

有玄關的房子就像是多了一道

●玄關要保持明亮、整齊、清潔，才能鎮穩宅氣的磁場。

關卡，可以篩選煞氣聚藏吉氣，也不會讓外來的氣流直衝而進；而玄關最重要的就是要保持明亮、整齊、清潔，才能鎮穩宅氣的磁場，除了比較不會犯小人之外，還可以招來財運。假如玄關處的採光不足，最好在玄關的天花板上加裝燈飾。

但必須特別留心，千萬不要出現「穿堂煞」的情形，也就是大門直通家裡的後門或窗戶，如果一進門就可以看穿這間房子，就可以稱爲是「穿堂煞」，這種格局不僅無法聚氣、聚財，還容易招來橫禍意外。

☆大師來破解

大門不可以與其他門或窗戶形成一直線，門對門或門對窗戶，一進屋內就將屋子一眼看穿，這種「穿堂煞」是無法形成聚氣守財的財庫格局，應該設置屏風、玄關擋起來避免漏財。

想要解決讓人既容易破財又不吉利的「穿堂煞」並不難，如果是裝潢好的房子，就得利用屏風和廚櫃來化解，改變視覺動線和氣流方向，屏風與廚櫃的高度最好直頂到天花板，最少也要高過全家人的身高；另外，千萬不要認爲只要利用門簾、布簾就可以化解，這是行不通的；如果是還沒裝潢的房子，筆者則建議利用玄關或隔間來做變化，效果會更好。

家具擺設用點心　事事順利不操心

客廳內部的家具擺設也要花點心思，好好佈置，並不是開開心心花大把鈔票買一堆昂貴家具回來就可以了哦！

．沙發不可背靠門　以免小人頻出招

客廳裡最主要的家具就是沙發了，而沙發擺設最重要的一點即是千萬不可背對大門和通往屋內的走廊，其視野必須同時可以看得到屋外進來和裡面出來的人，才算是好的座向，否則容易犯小人、犯虛位（也就是缺乏安全感）。而最好的格局就是兩張沙發交接處，放置茶几的地方恰好就是客廳的明財位。

．客廳的植物盆栽以闊葉為宜

大部分的家庭都會在家裡擺上幾盆小植栽，來美化環境增加生氣，但植物盆栽的擺設也是有禁忌的。

一般居家客廳適合常綠的闊葉植物，葉面越大越好，尤加利和海芋都是不錯的選擇。特別要注意的是不能帶刺，帶刺的植物屬陰煞植物，容易破壞客廳的明財位，也會影響到氣場的穩定性，會讓你破財傷身，所以諸如：仙人掌、

●美麗嬌艷卻帶刺的玫瑰花並不適合放在客廳擺置。

玫瑰花、九重葛等，千萬不可安置在客廳裡。

雖說綠色有助維護我們的靈魂之窗，植物的生長可以增進房子的生氣，但可別把家裡搞得像熱帶叢林一樣凌亂，植物過多會破壞陽宅正常的陰陽五行，陰陽失調五行不合，反而會讓你諸事不順、身體健康受損。

再者，有些人喜歡栽種長春藤等爬藤類植物，筆著必須提醒你，想要種植藤蔓類的植物，除了不可帶刺，也必須經常修剪，否則若是長得太凌亂，也會引起家人間的糾紛與不和睦。

●海芋是很適合居家客廳放置的植物。

魚缸是最常被用來招財、化煞的東西，利用水流的磁場靈動，不只可以有效的凝聚財氣，最重要的是，魚缸適中的水流速度可以保持氣場緩緩的流動，而不至於不穩定。

想利用魚缸來聚財，最容易的方式就是將魚缸安置在家裡的明財位，魚缸的形狀以圓形、長方形最好；至於魚的數量，則是眾說紛紜，各家各派都有不一樣的說法。老師的建議是，魚的數量只要搭配魚缸大小，看起來不擁擠緊迫，讓魚可以悠遊自在就好，如果想搭配較吉利的數字當然也可以，像是養九條金魚來象徵「九如」，養十條魚來象徵「十全十美」等。

至於，想要利用風水魚缸來化煞的人，老師倒是建議請專人指點比較安全。因爲魚缸就陰陽五行來說是屬水，安置在明財位可以帶來財氣，但想要安置在煞位化煞，就非得要判斷五行的相生形式，才能發揮正確的化煞效果，否則萬一安錯位置，形成了五行相剋的情形，適得其反，化煞不成反倒破壞了磁場。

禁忌大公開──霉運不要來

1. 客廳地板的設計不宜有高有低，室內設計上的空間變化，固然是有視覺動線上的隔間效果，但客廳地板不平，對人我間的交際與陽宅納氣都會有負面的影響。

2. 有明財位當然就有暗財位，廚房就是家裡的暗財位，既然稱作是暗財位就不宜讓外人一覽無遺。所以一進大門就可以直接看到廚房的客廳並不妥當，這樣易犯小人偷財、劫財；萬一你們家剛好一進門就可以看到廚房，筆者建議一定要用屏風或布簾遮掩視線。

風水大揭密──好運擋不住

・神明廳的設置大有學問

中國人是個慎終追遠，家族、宗教觀念都相當深厚的民族，許多家庭都會供奉神明和祖先牌位，而祭拜神龕與神明廳的設置當然大有學問囉！由於神明、祖先分屬陰、陽，所以香爐、祭燈、供品都得分開陳列，祖先牌位也只能安置在神明的白虎邊，也就是面向神明的左側；再者，神明廳必須是選在氣流穩定、較安靜的地

●由於神明、祖先分屬陰、陽，所以香爐、祭燈、供品都得分開陳列。

方，更不能有壓樑等任何的煞沖（例如：對面的屋角直對著神明廳或柱子擋在神明廳前方）。

筆者建議，神龕或神明廳的位置角度最好請專業的命理風水師幫忙規劃，因爲神桌高度、大小、方向位置、安爐時間、先後順序，都得依照屋主的生辰八字來做安排，才能眞正選對良辰吉時與吉方。不過在這裡，筆者還是提供居家神明廳擺設的禁忌供各位參考一下。

神明廳擺設禁忌	
1	神桌不可壓樑、神桌左右任一邊不能靠牆。
2	神桌不可面對著廚房、廁所或房間大門。
3	神桌座向不可與房子的座向相反。
4	神桌上、下不可堆放雜物。
5	神明廳正後方那面牆的背面，不可以是窗戶、樓梯、廁所、夫妻房或廚房。
6	神明廳應保持採光明亮。
7	神位的視野要能看到戶外。
8	祖先牌位不能高過神像。
9	香爐不能高過神像腰部。
10	保持燭燈時時亮著。

◎大師叮嚀 好運連連

居家風水必須牢記「明廳暗房」才能「藏風聚氣」，如果客廳沒有較大的窗戶或因爲座向、鄰近大樓遮住光線，使陽光無法充分照射進來的時候，白天也應該打開日光燈，讓家裡受到光線照射的時間久一點。通常客廳陰暗的房子，可能是因爲窗戶過小或數量較少，比較不通風，不容易聚吉氣，也不容易將家裡的晦氣流出去，老師建議你必須設法讓家裡的空氣在白天的時候與外界多流動，可以在大門的青龍邊裝設抽風機，把屋外的吉氣抽進來，也可以在後門或陽台的白虎邊裝設抽風機，把屋內的穢氣吹出去，如此一來，家裡的氣場自然就會較爲活躍且有生氣。

陽宅鑑定超Easy不求人
居家風水大檢測

客廳篇滿分為100分，依據下表便可算出居家客廳風水的好運指數喔！

	鑑定項目	指數	說明
1	客廳無窗戶可透光通風	-25分	客廳沒有窗戶，無法讓窗外的陽光照射進來和空氣流動。這樣將無法納吉氣，也無法讓宅氣流動。
2	客廳的鏡子正對大門、神明廳	-20分	對沖吉氣，擾亂神明，不只無法納進好的吉氣，也對神明與祖先不敬，將會諸事不順。
3	客廳可以看得到廚房爐灶	-15分	容易發生火災。無法守財，偏財運欠佳。
4	沙發背著大門	-15分	容易遭小人攻擊，口舌是非纏身。
5	客廳遭穿堂煞貫穿	-15分	無法守財聚氣，家運諸事不順。
6	客廳地板高低不平	-10分	家人容易發生小口角和是非之爭。

廚房篇

在陽宅中的「門」為納氣，廚房即為「守成」。居家廚房的風水若搞定，不只保你舉家關係和睦，還可以讓你正財偏財源源不絕。

正財偏財滾滾而來

古語有云：「家相首重廚灶」、「灶乃食祿之方」，均在指廚房對於經濟與財運的關係密切。所以，廚房的風水通常對整個家庭的財運有非常大的影響力。就陽宅居家風水而言，最重要的莫過於大門的方位、臥室的格局，接下來就是廚房了！在陽宅中的「門」爲納氣，廚房即爲「守成」。廚房主宰著全家人的柴、米、油、鹽、醬、醋、茶等生活狀況，它對於全家人的身體健康、精神狀況與是否守財都有很大的關係。因此，廚房的方位、形狀、大小、擺設以及在屋子中的哪個角落其實都很重要。在居家風水中，與我們息息相關的廚房，更應該小心注意其格局與擺設。

廚房是居家風水的暗財位

由於廚房必須有水槽沖洗蔬菜、冰箱保存食物、瓦斯爐、烤箱、微波爐……，各種電器有各個不同的磁場，琳瑯滿目的設備如果位置擺放不好，很容易形成五行失調，水火相剋的情形，輕則讓你全家關係不和睦、守不住辛辛苦苦賺來的錢財；重則引來血光祝融之災，不可不愼。居家廚房的風水一搞定，不只可以保你舉家關係和睦融洽，還可以讓你正財偏財源源不絕。

昔日農村還是用灶生火煮飯的時候，都會安上灶神，藉此希望豐衣足食、盛產豐收，久而久之灶神就被視爲是保佑一家人不愁吃、不愁穿的神明，在傳統的農業社會裡，家裡的富裕程度就看吃得好不好，所以廚房自然被命理師視爲是居家風水的暗財位。

從古至今評論廚房風水都是以女性爲主，雖然時代已不同，但看法依然不變。因爲廚房主要關係著居住者的健康，所以廚房配置得好，女人就會秀外慧中，男人則是形神飽滿和擅於積蓄理財，而這皆因爲有了健康的身體。以下筆者就針對廚房風水影響財運、家庭關係、身體健康以及廚房居家風水的方位來跟大家說明。希望讀者能夠擁有好運勢，輕鬆掌握自己的命運！

●廚房裡琳瑯滿目的設備，如果位置配放不好，很容易形成五行失調的情況。

・瓦斯爐的擺設與財運息息相關

現今時下的年輕人因爲受到西方思想觀念的影響，所以很流行開放式的廚房，然而就居家風水而言，一進入大門映入眼簾的即是瓦斯爐，是不符合居家風水中「暗財位」應該隱藏起來的原則。因爲一進門就看到廚房等於是將自己的私生活攤給衆人看，這樣既存不了錢也守不住財，財運將從其空隙中溜走。而瓦斯爐若面對著門，則容易引起散財，錢財都跑光光。尤其若後門又有巷沖，則必定犯小人，虧損連連，慘不忍睹。

曾經有位電視節目製作人，請筆者到他家裡看風水，主要是因爲他原先承製有兩個節目，到後來卻落得兩頭空，一個節目莫名其妙被電視台砍掉，另一個則剛做完一季就被另一家傳播公司給搶走。當我來到他的家裡後才發現，原來問題就出在製作人買的新房子，雖然是客廳採光通風都不錯的挑高樓中樓，但是一進門卻立刻就看到餐廳和廚房，顯然是不符合廚房風水「暗財庫」的格局，很容易漏財、散財。

☆大師來破解

假若你的房子是一進門就看到餐廳和廚房的類似情形，我們可以在開放式的廚房中用隔間牆或櫥櫃加以隔間。而最佳的方式，老師建議可用吧台來隔間，以遮住瓦斯爐避免一進門就看到瓦斯爐。小小的轉變跟移動，不但可以兼顧居家的風水，使得好運連連，亦可享受充滿現代感又有設計的廚房空間。當然瓦斯爐的正對方都空無一物才是最良好的設計。

·廚房的風水若好，身體健康氣色好

從古自今，女性與廚房的關係就很密切，尤其是在傳統的中國思想觀念裡，能進出廚房的唯有女性，所以廚房中的擺設格局也經常影響著女性的身體健康和精神狀況。然而隨著時代的變遷，雖然進出廚房的不再都是女性，但是風水的規則依然不變，廚房的風水若好，全家人自然精神飽滿、身體健康、財源廣進、氣色紅潤，而氣色好時，運勢當然也就跟著提升了。

一般的家庭都會在廚房中擺設置物櫃，筆者在此要提醒大家，置物櫃盡量不要正對著瓦斯爐，因爲櫃子中的瓶瓶罐罐很

●冰箱與瓦斯爐不宜相對。

多，常被隱喻爲一家人都在吃藥，個個都是藥罐子。另外，瓦斯爐對到冰箱，會損害筋骨，而且牙齒會不好、肚子常有問題，嚴重的話還需要開刀；若瓦斯爐對到樓梯則是影響健康；對到廁所會有經常拉肚子腰酸背痛、不聚財等問題出現，並且造成小孩子叛逆心重、難以教養。如果您的家裡有這樣的情況，建議將這些物品搬開或是重新設計爲宜。

‧廚房擺設影響著一家人的感情

廚房擺設對家庭關係的影響也很大。在傳統古厝裡，有的還同時使用瓦斯爐和灶，這樣很容易引起婆媳間的失和，甚至會互相較勁，因此最好避免同時使用瓦斯爐和灶，婆媳間的戰火才會平息。

廚房跟瓦斯爐的位置也關係著夫妻的情感，最忌諱的就是瓦斯爐在廚房的北角，爐灶也不可對著床。此種現象在現今很多小套房中常見到，這樣的格局不但不利於居住者的健康，同時也會影響居住者的生育機能，床頭對著爐灶一樣容易發生同樣的問題，所以在格局上的搭配更是要多加小心。

・設置方位的忌諱

基本上住家廚房的設置方式在居家風水中，應該位於整個房子的後半部分，如果廚房位於房子的前方則錢財流失，即使賺再多的錢，到最後也是一場空，白忙一場。至於瓦斯爐的部分，一定要有後靠，否則就會形成退財，對財運當然就有很大的影響。還有另一種廚房格局是位於房子的中央後方，瓦斯爐又位於廚房的中央後方，此時爐灶置於「伏

有此一說

瓦斯爐跟灶都有所謂的灶財，因此瓦斯爐和灶的後面都必須貼牆，瓦斯爐與洗手台也不要正對著大門，若一進家門就看到瓦斯爐，鐵定漏財！許多小套房的格局最常見這樣的漏財格局，如果家裡的廚房就是這樣的設計，建議您可以利用比瓦斯爐還要高一點點的吧台來擋住瓦斯爐，這樣子就可以化解漏財的情形，當然最好的方式還是將瓦斯爐移到其他地方。

位」，這樣是在風水中最忌諱的相位。因爲這樣會使家中的主人失去主位，容易造成主人的不安。廚房的方位是相當重要的，設置的方位所形成的風水對居住者都有很大的影響，讀者不可不愼！

時來運轉 開運小撇步

就風水上說，廚房一向是「水火相剋」的地方，較不吉利，而植物就是改善廚房風水的絕佳利器；使用原木餐桌則可增加健康與財運。廚房最好能夠保持空氣流通、採光良好，在水龍頭及爐具間可放盆綠色植栽，間隔「水」「火」不容的狀況，並可增加財運。另外，老師建議廚房最好在房子的東方，位於東方光線充足，如此容易接受東方的陽光朝氣，增加運氣。此外，因爲廚房都是與火有關的東西，所以倘若瓷磚能夠改用淡藍色系，亦能夠中和平均磁場，使運勢更上一層樓哦！

禁忌大公開——霉運不要來

沖洗槽與瓦斯爐、烤箱、微波爐的位置千萬不可緊鄰，也不可以正對，否則會產生水火相剋，陰陽失調的磁場將形成不穩定的氣流，不只容易引起口角爭執，還容易引來祝融火災。再者，瓦斯爐象徵著財氣旺盛與否，水火緊鄰的混亂磁場，也會造成家裡財務狀況的不穩定，不可不注意！

・廚房設計的禁忌：

（一）廚房的瓦斯爐與床共用一面牆：易有心臟病的問題，同時會影響一個人的心性、桃花。

（二）廚房門沖廁所門：容易得到腸胃方面的疾病。

（三）廚房位於住宅的中央正後方、而瓦斯爐又於廚房的中央正後方，這時爐灶的位置恰好落在風水的「伏位方」，這是相當忌諱的，因為會使家庭不安定。

●廚房門若沖廁所門，容易得到腸胃方面的疾病。

風水大揭密——好運擋不住

針對居家風水的「暗財位」，另外有一種說法，是指與大門成對角的直線底端，也就是說不一定是廚房，有可能是書房、也有可能是臥房，但最重要的是暗財位不宜有晦氣或不能藏風聚氣的格局。所以，假如大門最遠的對角是廁所或陽台，就會比較難守得住辛苦賺來的錢財。

暗財位最適合擺放存摺、金融卡、信用卡、支票、現金、珠寶首飾、金飾、房屋地契、土地地契、印章……等貴重物品，這些貴重物品擺放在這裡，將有助於守住財庫，讓財富不容易流失。

◎大師叮嚀 好運連連

瓦斯爐的熱氣旺盛，是家裡屬火最強的地方，自然也會產生一些躁氣而影響屋簷底下每個人的互動。老師建議可以在廚房火爐後方或下方，以黑色或深褐色小碟皿放置約莫半滿的粗鹽，表面務必平鋪，這樣就可以平穩家氣，讓家人的關係不易燥動而產生口角。

陽宅鑑定超Easy不求人

居家風水大檢測

廚房篇滿分為100分，依據下表便可算出居家廚房風水的好運指數喔！

	鑑定項目	指數	說明
1	水火相沖	-25分	爐灶、微波爐與水槽、冰箱正對相衝。
2	廁所大門正對廚房	-20分	穢氣正衝暗財位，不易聚財，也容易罹患疾病，屋主的健康狀況勢必不好。
3	廚房與客廳相通	-15分	廚房與客廳沒有隔間，完全互相連通，無財庫格局，財運極差。
4	廚房沒有窗戶通風採光欠佳	-15分	廚房的灶（躁）氣無法流動，家人的關係不容易和諧。
5	同時使用瓦斯爐與灶	-10分	婆媳、親子關係容易出現針鋒相對的情形。
6	瓦斯爐灶與水槽緊鄰	-10分	水火擾動，會產生不穩定的氣流，財運會受到干擾。
7.	置物櫃正對瓦斯爐	-5分	健康狀況容易出問題，尤其是腸胃消化道的問題。

餐廳篇

餐廳這看似簡單的空間，其實是牽動著全家人的互動與對外的人際關係，更是攸關著你是否能得到貴人與恩人相助的機運。

恩人貴人絡繹不絕

吃飯，對一個家庭而言是件非常重要的事情，因爲同吃一個鍋子煮出來的料理，根據相同的料理產生同樣的細胞，會有同一條心的意義，更有家族共同體的證明與使命感。而餐廳就是一天之中主要聚集家人的場所，其中的氣流更是要穩定，才不會導致家人失和，更別提在外面能遇到貴人，甚至好運連連了。

餐廳風水影響家人關係和睦與否

餐廳這看似簡單的空間，其實是牽動著全家人的互動與對外的人際關係，更是攸關著你是否能得到貴人與恩人相助的機運。因為這兒是家人團聚或邀請客人吃飯的地方，所以在設計規劃的時候，除了要考慮到自家人的生活動線，也必須考慮到進進出出的客人，並且配合個人的最佳方位才行。

俗話說「成事在天」，意思是告訴人們凡事只要盡力就好，不能強求；但在筆者看來這所謂的「在天」其實是意指貴人運勢。放眼看去，我們不難從許多名人發跡與成功的歷史發現，這些一手闖出豐功偉業的成功人士背後往往都有命中注定的貴人，扮演著重要推手。而你我這些既不是出身豪門也不是家財萬貫的凡夫俗子，當然更需要替自己求得貴人運勢。

餐廳的風水象徵著一個家庭的向心力與凝聚力，而餐廳的方位也有著開銷的意思，所以桌椅、格局、佈置對餐廳的風水都有著很大的影響力。想要有良好的家庭關係嗎？如何讓全家財運亨通？現在，就讓筆者帶領大家來了解一下，自己動手創造財運亨通的運勢。

・餐桌桌椅的數目、位置、方位

餐桌象徵著一家之主的地位與氣勢，所以是不可輕易逾越的，尤其在餐桌的大小上，宜配合人數，不可太大或太小；餐桌椅的座位數與家裡的運氣也有關係，太多太少都不行。在風水理論上，六、八、九都是屬於幸運數字。例如，一個家庭有三個家庭成員，餐桌的椅子總數最好不要超過六張，如果有七張就不太好，因爲這樣容易使主人失格，造成喧賓奪主的相位，主人的氣消退了，自然會影響到全家的運氣。至於餐桌椅的選擇，建議大家選用一樣高度的椅子，不要有高腳椅的出現，因爲這樣容易引起家庭之間的糾紛，意見分歧；而椅子又以四支腳的爲最佳。

關於餐桌擺放的位置也大有學問。餐桌所在之處，應該氣流安定，安定則可利於進食；餐廳是全家人進食的地方，其磁場與氣流都非常的重要，若氣

●餐桌椅的座位數，六、八、九都是幸運數字；而椅子又以四支腳的為最佳。

流強烈常動，亦有損健康。因此，餐桌不宜設於正對著門口的位置，也不適合擺放在通道上，人來人往，氣流不定，是爲凶象。餐桌上方不宜有樑，這會構成樑壓頂的凶象，對於經常使用這餐桌的人之健康不利，也不能有效吸收食物的營養。如果房屋格局有樑的話，可以在樑柱下懸掛葫蘆等飾品，調和氣流，免於凶煞，避免直接壓到餐桌，當然還是盡量能夠將餐廳移位最好。

另外，餐桌入座的方位也相當

重要。通常在居家風水中，西、北方要坐主人家、主婦；東、南方坐的是小孩；而年輕夫婦，男的適合坐西（北）方，女的則坐東（南）方，按照合適的方位入座會使整個家庭的關係更加的和諧。大人的座椅盡量要有扶手，小孩的座椅則不必，這樣才有長幼順序，小孩子也會比較尊敬父母親。

・餐廳的格局、採光與佈置

餐廳和其他房間一樣，格局要方正，不可有缺角和突出的角落；長方形或正方形格局最佳，而餐廳座落的位置應位於客廳和廚房之間，位居

有此一說

如果想要增加自己的桃花運勢，可以在餐廳的桌上擺放花瓶，多插一些顏色鮮豔的花朵，不過有家室的家庭就比較不適合，因為容易造成外遇；若是在餐桌上擺置綠色的植物，則能夠使家庭的氣氛更為融洽，綠色植物能夠柔和家中氣氛，居家者長期受到花朵和植物的薰陶，心性個性自然會比較柔和，夫妻間的感情也會比較良好親密。

住宅的中心位置，同時不宜在廚房內，一定要隔間分開。因爲廚房在風水上代表著財源，而餐廳則象徵開銷、花費，兩者合併，會形成家庭理財失衡、繁亂，會常有忍不住的消費衝動，或是被倒債、投資失利的機會增加，有破財、散財之相。同時要切記餐廳的位置不可直對前門或後門，這樣的佈局可增進親子關係的和諧；如果是多層住宅的話，餐廳切忌位於上一層樓的廁所正下方，因爲這樣一來好運氣將會受到壓制。

在有限的居家空間裡，現代人對於餐廳空間佈置越來越注重用餐氣氛。從風水的角度來說，餐廳的佈置以雅緻簡潔爲首要條件，著重簡單和清潔，千萬不能雜亂。由於廚房是用來煮食的地方，存在的氣流較爲混雜，對人體不好，所以不宜在廚房進食，廚房和餐廳一定要分開來。中國人吃飯，尤其是晚飯，是一家老少團聚的時間，因此必須在舒適、空氣流通、光線適中的地方進食，燈光應盡量採取柔和的光線。

☆大師來破解

Q：餐廳和客廳如果沒有隔間怎麼辦？

A：餐廳和客廳如果沒有隔間，居家和諧性會較弱，此時可利用酒櫃、魚缸或沙發隔開，簡單的移動跟轉變就能調和其中的和諧性。

Q：廁所門與餐廳對沖，怎麼辦？如何自己DIY化解？

A：廁所是排放穢氣的地方，如果廁所的門對著吃飯的餐廳，除了會影響食慾和健康之外，當然也會嚴重的影響運勢。破解的方法有二，一是在廁所的門上設置一較長的門簾來擋住穢氣；另一個方法是，在廁所和餐廳中間，設置屏風或玄關作區隔，這樣可以擋住廁所的穢氣，不至直接對我們造成影響。

・餐桌的形狀與材質

餐桌的形狀與材質對於居家風水同樣有關係。年輕一點的家庭裡，筆者會建議不要使用圓形的餐桌，餐桌最好選用四角形的，因爲圓形的餐桌過於圓潤，同時也代表失去在社會求發展的動力，久而久之會變得墮落不積極，所以建議使用有角的桌子，這樣對於將來的事業運比較有幫助；但是如果家中有年長

●圓形餐桌能夠促進家庭氣氛和諧圓滿

者，就可以選用圓形的桌子，因為其圓形代表圓融，能夠讓整個家族的氣氛更加的融洽和諧，凝聚家族的向心力。

許多西式的餐廳裝潢，為力求顏色明亮具設計感，多半會使用白色的桌子，不過筆者會建議桌子的顏色還是盡量不要選擇白色的比較好，因為白色代表衰老，會失去其年輕性，容易讓家中的資源沒有向上的動力，有年長者的家庭更是大忌。在華麗奢侈風氣籠罩的台灣，出現了許多土財主、暴發戶，他們的家中經常會使用經過繁複加工的桌子，例如華麗的表面拋光或誇張的裝飾，或是仿木的桌子增加花漆使其美觀，甚至是滿佈著金銀色的華麗家具，雖然美麗但卻失去原本木質的特性，這樣更會使自身對於不熟的事物失去挑戰性，生活也會顯得過度虛華膚淺。

筆者建議，在選擇餐桌的材質方面，應以木質為最好，使用木製材質家具，不但能夠使氣色溫潤、氣流穩定，更能增加家中的財運。切勿用偏冷的材質，例如：金屬、大理石，因爲冷色系的顏色在風水中視爲煞氣，而金屬的材質又過於尖銳，與廚房屬火的空間相衝突，容易造成陰陽五行失調。廚房是很容易產生水火相剋的地方，空間佈置的色系應該多選用一些木和土色系，以產生五行相生的效果，例如：淡黃色及咖啡色等較溫暖的色系。

・財運、貴人運

餐廳的風水影響居家生活和諧與否，例如全家向心力及融洽性，除此之外還影響了財運、事業運、桃花運……等。從餐廳的方位來看，如方位正確，會增加遇貴人的運勢。每個生肖都有屬於它適合的方位及顏色，例如：屬鼠、牛、豬的人在顏色方面適合用金黃色，搭配黃色系的佈置能提升好運氣，在方位上適合西南方；屬虎、兔、龍的人在顏色上適合淺綠色，並搭配放置一些陶製收納罐可以提升財運，在方位上適合東南方；屬蛇、馬、羊的人在顏色方面適合橘色或黃色，並放置一些綠色植物可以增加健康運，在方位上適合東北方；至於屬猴、雞、狗的人在方位上則適合西北方，適合橘色、金黃色，若能搭配一些具藝術氣息的飾品更可增加事業運。

色系的居家佈置適合生肖屬猴、雞、狗的人

・十二生肖適合的方位及顏色

生肖	適合顏色	餐桌桌巾適合花色	適合的方位
豬、鼠、牛	金黃色、花色	以水、夜景為主	西南方
虎、兔、龍	淺綠色、花色	以花草樹木為主	東南方
蛇、馬、羊	橘、黃色、花色	以日出日落為主	東北方
猴、雞、狗	橘、金黃色、花色	以珠寶為主	西北方

通常居家的餐廳越是隱密陰暗的，甚至餐桌的其中一面還緊靠著牆壁的人家，一般來說貴人的運勢都不好。因爲桌子無法讓人圍坐成一圈，再者其中一面被牆堵住氣場，使得氣場無法順暢流動，根本無法招來貴人運勢，一家人也不容易和睦，彼此的關係就像那道牆一樣，雖不至於隔閡雙方，卻像

這道牆對圍坐在桌子旁的人有著一種制肘難伸的限制，無法讓彼此的互動關係圓滿順暢，這種餐廳格局連自家人的關係都搞不定了，若想求得結識恩人或貴人出手相助的機運更是談何容易！

時來運轉 開運小撇步

1. 如果餐廳有擺設水族箱，則餐廳的色調要選擇暖色系的，因爲水族箱屬陰，要利用暖色性調和，使家庭和樂融融。
2. 另外，建議讀者不妨嘗試將家中餐廳的家具和窗簾布、地毯等，選擇同系列的搭配，如此一來就能夠讓餐廳的磁場與氣流較爲柔潤平順。如果不確定家裡的顏色是否符合陰陽五行的相生配置時，選擇同一個色系的最安全。

禁忌大公開──霉運不要來

關於餐桌的擺設禁忌有下列四點，請讀者要多加留心。

1.餐桌不可設置在廁所邊，或對著廁所的門，穢氣對流，會影響我們的健康、食慾、腸胃。

2.餐桌不可壓樑，對我們的腸胃的健康、食慾、營養的吸收等，均有很大的影響。

3.現代人回家習慣隨手將物品放在餐桌上，對居家風水來說是很不好的。餐桌即是進食的地方，切記不要在餐桌上堆放公文、書籍等，也不可堆放雜物。

4.用完餐後，剩餘的菜要收好不可留置在桌上，要保持餐桌的潔淨，以免招引穢氣。

風水大揭密——好運擋不住

1. 餐廳的燈要選擇圓形的，圓形的造型比較能夠使家裡的氣氛融洽。

2. 餐廳的色調可以選擇暖色系的顏色，如此非但能幫助調節不好的穢氣，也能使家人心性較柔順。

3. 餐廳中招來好運的四大方位：

北——在北方擺置桌子，能夠形成平靜穩定的家庭。

東——東方是接受陽光與朝氣的方位，所以餐具和器皿可以擺這邊，讓它吸收朝氣，使我們更有朝氣精神。

南——南邊對布織品的引力相當大，所以非常適合擺設布簾、地毯之類的物品。

西——是家中的財位，因此建議在這邊擺一些亮晶晶的東西，以利招財。

●餐桌上可放些代表富貴的橘子。

◎大師叮嚀 好運連連

餐廳的佈置首重簡單及乾淨，千萬不能雜亂或擺設太多裝飾品。餐廳適合擺福祿壽三仙，象徵財富、健康和長壽；桌上也可放些水果或插一些花朵，水果可以放橘子代表大吉大利；放桃子象徵長壽和健康；芭樂代表多子多孫，均可使家中平安順利。如果在餐廳裝設鏡子，映照出餐桌上的食物，有使財富加倍的效果。餐廳是家中唯一可以懸掛鏡子映照食物的地方，其他像廚房則是絕對不能掛鏡子的，如果在廚房掛鏡子會形成火剋金的現象，容易導致意外或火災發生。

陽宅鑑定超Easy不求人

居家風水大檢測

餐廳篇滿分為100分，依據下表便可算出居家餐廳風水的好運指數喔！

	鑑定項目	指數	說明
1	餐桌靠牆無法圍坐	-20分	沒有貴人緣份，凡事不易有人伸出援手協助。
2	餐廳與客廳沒有隔間	-20分	財運欠佳，不容易建立較深的人際關係。
3	餐桌上方有屋樑	-20分	屋主健康狀況欠佳，與外人的各種合作關係容易出現糾紛或不了了之的破局窘境。
4	餐廳正對大門或後門	-15分	親子關係失和，貴人運勢欠佳。
5	廁所大門正對餐桌	-15分	容易惹來穢氣纏身，諸事不順。
6	餐廳與廚房沒有任何隔間	-10分	財務狀況混亂，收支容易出問題。

臥房篇

臥房是人們最隱私的自我生活空間，其方位格局是左右居住者愛情運勢的關鍵。從房門的大小方位、床組的座向、衣櫃的大小顏色乃或至小小的飾品都有著連帶影響。

愛情婚姻全解析

一天之中，人類大概有三分之一到四分之一的時間花在睡眠和休息上面，可見「床」對人們的磁場影響也佔了相當重要的比例，對你的睡眠品質、健康狀況、情緒思路都有直接的關聯。以命理的角度來說，睡眠不只是一般人所了解的生理休息，在睡眠的狀態中，靈魂與人體的磁場，也利用此時做一種調息、重整的步驟。人在睡眠的時候，身體的磁場會從頭到腳、從前往後不斷循環，循環的速度會配合著你的呼吸，時而緩慢時而急促，睡眠磁場的循環如果受到干擾就會影響睡眠品質與身體機能和精神狀況。很多人的習慣性失眠與睡眠品質不佳，其實正是因爲房間的擺設格局、空間規劃出了差錯才會讓自己越睡越累，老是覺得身體狀況不佳。

臥房風水是左右愛情運勢的關鍵

臥房是人們最隱私的自我生活空間，這兒不只是睡覺休息的地方，還是與親密愛人纏綿悱惻的私密角落。您可能還不知道，房間的方位格局其實是左右愛情運勢的關鍵，從房門的大小方位、床組的座向、衣櫃大小的顏色乃或至小小的飾品都有著連帶影響。

想要找到命中注定的另一半嗎？你覺得自己老是只有暗戀別人的份兒嗎？或者是每談戀愛就一定會半途殺出程咬金嗎？第三者老是如影隨形？其實，這不一定是別人的問題，很可能就是你的床擺錯方向，或者是你在房間裡放了不該擺設的裝飾品，而破壞了自己的桃花運。當然，筆者也要告訴你，如果你的另一半老是犯桃花，在外不是被頻頻騷擾就是主動去拈花惹草，那很可能也是他房間裡的擺設出了問題！

接下來，筆者就要告訴你，以後不用乾瞪眼看著別人談戀愛，而自己卻老是愛不到了，也毋須再擔心另一半在外拈花惹草，透過房間的擺設，讓我們來增加自己的愛情運勢，告別等不到愛的枯等歲月。

・床位擺錯毛病多

床位的方位對於磁場和運勢有著很大的關係，新居落成，新床要入新房的時候，老一輩的人都會特別小心，仔細的利用羅盤來安床，因爲房間是調整磁場氣流的重要空間，好的睡眠空間可讓身上的疲勞快速消退，不好的空間則會越睡越累，甚至睡出病痛來；再者，睡的方向同樣會影響人的疾厄問題。例如：床頭如果簍空沒有靠牆，就會形成「山空格局」，容易有遭到小人侵犯、無貴人緣和漏財等情形產生。此外，安床必須配合命卦來安排床向，每個人都有自己先天的磁場方向，如果能夠配合吉向，就可讓身體的毛

●房間的擺設格局對你的睡眠品質、健康狀況、情緒思路都有直接的關聯。

病減少。下面這張表格就是依每個人出生的年次和性別，所排出來適合安床的方位，讀者們不妨參考看看。

‧床的吉位表

（女命）出生年次	（男命）出生年次	延年方 求福壽	天醫方 求健康	生氣方 求財運、健康	伏位方 求平安、愛情
8、17、26、35、44、53、62、71、80、89	2、11、20、29、38、47、56、65、74、83、92	西南方	東北方	西方	西北方
9、18、27、36、45、54、63、72、81、90	1、10、19、28、37、46、55、64、73、82、91	東北方	西南方	西北方	西方
1、7、10、16、19、25、28、34、37、43、46、52、55、61、64、70、73、79、88、91	9、18、27、36、45、54、63、72、81、90	西方	西北方	西南方	東北方
2、11、20、29、38、47、56、65、74、83、92	8、17、26、35、44、53、62、71、80、89	北方	東南方	東方	南方
3、12、21、30、39、48、57、66、75、84、93	7、16、25、34、43、52、61、70、79、88	南方	東方	東南方	北方
4、13、22、31、40、49、58、67、76、85、94	3、6、12、15、21、24、30、33、39、42、48、51、57、60、66、69、75、78、84、87	西北方	西方	東北方	西南方
5、14、23、32、41、50、59、68、77、86	5、14、23、32、41、50、59、68、77、86	東南方	北方	南方	東方
6、15、24、33、42、51、60、69、78、87	4、13、22、31、40、49、58、67、76、85	東方	南方	北方	東南方

註：依民國年次為準

‧房門向位大有學問

門是氣的開口，因此房門的開口方位必須小心謹慎。如果房門開的方向不對，會引來不好的氣流。要注意的是，房門不要開在四土庫的方位上，即是東南、西北、東北、西南等，會壓制桃花的運勢，甚至招來不好的煞氣讓身體不健康諸事不順，所以必須注意到以下幾點：

一、臥室房門V.S廚房門

廚房是煮飯的地方，磁場氣流旺盛而且不穩定，如果廚房的門對到臥房的門，就會干擾臥房內的氣流，很容易使房間納進廚房裡的雜氣、晦氣等。

二、臥房的門V.S柱子

從臥室的內部向房門的外面垂直看出，門的正對面不能有牆角、獨立的柱子沖射，這些都容易導致氣管和食道方

●房門的開口方位要小心謹慎，萬一房門開的方向不對，會引來不好的氣流。

面的疾病。如果柱子牆角不能改變，建議改變一下房門的方位。

三、臥房門V.S廁所門

有些古代的風水大師，稱廁所門為「鬼門」，絕對不宜與人相對。人與鬼，等於陽與陰，離開越遠越好。而且如果正對廁所的門，也會引來穢氣，因此應盡量避免，倘若非不得已，可在中間擺設屏風或是掛上門簾，減少穢氣直接進臥室。

四、臥房門V.S儲藏室

現代人的家中多設有儲藏室，堆放雜物的儲藏室，會有霉氣，對人體健康是有害的，因此不宜正對房門。

☆大師來破解

Q：如果臥室裡設有廁所須要注意什麼？

A：一、廁所（浴室）和臥房中間的位置應盡可能用屛風擋之。

二、廁所（浴室）盡可能有一扇窗戶及抽風機，排放主臥房廁所（浴室）的穢氣。

三、廁所內宜保持清潔，可放芳香劑。

四、所謂陰陽不可共處一室，廁所門應隨時關閉著。

Q：有門多爲患之說，如臥室內附設更衣間會有什麼影響？又需要注意什麼呢？

A：臥室內如果另外設置有更衣間，需注意不可做門，門可以用拉簾代替之。

・擺設、幸運顏色、燈光、飾品

因爲房間是人最隱密的地方，它的擺設在居家風水中，對於一個人的感情、婚姻甚至桃花運都有關聯，如果能夠善用房間的佈置，利用物品、擺設、佈置、飾品等，來調和自己的氣流，即可增加運勢，讓感情生活更加甜蜜。

臥房牆壁的顏色建議使用暖色系調的顏色。純白、灰、藍、綠等冷色系調的顏色，常會讓居住者無形之中散發無情的孤僻個性，讓人心生畏懼，自然而然戀愛

●房間裡最好採用柔和的燈光，較容易招來戀愛運。

運也會受到影響；暖色系的油漆能夠溫潤住家，無形之中薰陶居住者的性情，使人更加有親切感，桃花自然朵朵開。

房間的燈光也非常重要，最好採用柔和的燈光，盡量用白色燈泡及黃色燈泡互相搭配，如此可以讓居住者的氣質更加柔和，也更容易招來戀愛運。夏天的感覺比較熱，白黃燈泡的比率，白燈泡就可以重一點；冬天的時候黃色燈泡的比率相對的可以比較高。利用燈泡光線的轉變，氣質就能在潛移默化之中漸漸昇華。

再來，房間裡也可以擺設芙蓉水晶，在房間之中擺設這一類的東西能夠招來戀愛運，水晶不一定要放

有此一說

總是覺得和另一半嘿咻不順利嗎？說不定就是房間的風水在搗亂喔！床位與夫妻間的房事有著相當大的關係，床不能沖到門，床頭要有後靠，床鋪不能逼虎(即是躺下來的時候右手不能緊鄰牆壁或衣櫃)，否則都會影響到夫妻房事的進行。

置在床頭，因爲人在睡覺的時候容易揮動手腳，使水晶掉落，造成水晶的破損，反而是不好的預兆，磁場也會跟著改變。需要特別注意的是，因爲廁所容易招來穢氣，而房門有氣流對衝情形，所以芙蓉水晶的擺設只要不是對廁所或是房門，這樣就有效果了！另外，可以擺上花瓶插上美麗的花朵，最合適的就是粉紅色香水百合，切忌不要白色的，因爲白色容易讓人產生畏懼；有家室的房間，插的花則盡量不要多且繁複，因爲這樣會招來不好的桃花，更有可能導致外遇！至於花瓶的擺設也不可輕忽，首先用羅盤找出房間的四方位（即是正東、正西、正北、正南），再正四方擺上花瓶，裝上乾淨的水

●臥房可插上粉紅色香水百合，切忌不要白色的。

●房間窗外若有陽台，一定要定期整理，以免招來不必要的濫桃花。

即可，如果花瓶中插的是紅色的花，效力會更強。不過，要提醒大家的是，千萬不要插帶刺的花朵，例如：玫瑰，這樣反而會招致反效果。

如果房間窗外有陽台的住家，一定要定期整理，清除雜草和藤蔓，因爲有雜草和藤蔓的生長，即代表容易拈花惹草，招來不必要的濫桃花。所以

●化妝檯適合的方位，宜與床平行較佳。

別偷懶，也不要嫌麻煩，務必要定時的整理，同時也能讓陽光照進房裡，使房間吸收好的氣，讓你的氣勢更旺。

風水大揭密──好運擋不住

房間裡通常都會有梳妝台，但是鏡子是一種會干擾磁場的東西，對於睡眠中的人，當然也會產生干擾作用。最直接的就是干擾睡眠時的氣場調整，所以擺設時要格外的小心。梳妝台適合的方位，宜與床平行較佳。另外，梳妝台的鏡子不可以對門口（房門口），就如同客廳的鏡子不能對著大門照，容易擋住外來的納氣。

時來運轉 開運小撇步

如果想利用臥室的擺設增加財運，可參考以下作法：

（1）床下可放置古錢數枚，如果沒有古錢幣的話，放置一元、五元、十元、五十元銅版，不限數量，亦可增加財運。

（2）枕頭下方可放七錢圓形黃金一枚，以增加財運。

禁忌大公開——霉運不要來

床的方位不可以沖到門，因爲，這樣外來不好的氣流會趁人在睡眠調整磁場的時候影響整個人，尤其對到床頭，更是會容易得到中風和傷寒。床的正上方也不能壓樑，如果樑與床的方向平行壓到頭胸等部位，會形成所謂的「扛屍煞」，這對睡在這張床上的人，不論身體健康或是整體的運勢都會有很大的煞氣，不是惡疾纏身就是意外災害頻頻，更甚者陽壽都會有所折損。

在安床禁忌中，最重要的就是應避免屋子的樑柱壓床。一間房子最重要的就是樑柱，古時的房子多是木製的樑，是房子主軸的根本基礎，但現在的房子都是用鋼筋水泥建造成的，鋼筋的骨架就會形成「橫陣」。如被「橫陣」壓個正著的話，對健康是有影響的。萬一房間有壓樑的狀況出現，筆者建議以改裝潢天花板的方式來化解，也就是在天花板上加裝一個假的天花板，使新的天花板能夠把屋頂的樑遮蓋住，化解樑壓兇相。

◎大師叮嚀 好運連連

在睡覺的時候，人體的磁場是順著身體從上到下、從頭到腳、從身體正面到背面，很有規則的不斷交替循環，這是一種靈體自行調息養氣的狀態。最安穩的睡眠狀況一定不會一直翻身，身體的氣息當然也就會沉穩的流動；

●冷氣出風口不能直接對著人體吹，以免干擾人體睡眠時的磁場調息。

但如果受到外界的干擾，一定會攪亂睡眠調息的磁場。隨著時代與經濟的進步，房間裡的電器用品越來越多，我們也都知道電器用品，會產生電磁波，對人體造成影響，因此不得不注意一下電器用品擺設的位置。冷氣出風口若直接對著人體吹，會干擾人體睡眠時的磁場調息。另外，也不可以對著窗戶和門口吹，容易產生「擊氣效用」，也就是把原本要納藏進來的氣場給擋出去。

陽宅鑑定超Easy不求人

居家風水大檢測

臥房篇滿分為100分，依據下表便可算出居家臥房風水的好運指數喔！

	鑑定項目	指數	說明
1	床的上方有樑	-20分	影響健康狀況與陽壽長短，對於個人運勢以及工作壓力也會有直接的影響。
2	床腳正朝著房門	-20分	容易發生意外以及等血光之災。
3	房間沒有窗戶	-15分	姻緣欠佳，房間空氣無法流動，不容易納進好運氣，也不容易讓將房間裡的穢氣流出去。
4	廁所正對到床	-10分	導致身體健康欠佳。
5	床的虎邊緊靠著牆	-10分	夫妻關係欠佳，性生活不美滿。
6	鏡子正對到床	-10分	精神狀況不好，容易緊張、情緒起伏不定。
7	床頭就是窗戶	-5分	容易缺乏安全感，引起神經質、歇斯底里的情緒，桃花運勢欠佳。
8	廚房或倉庫的門正對到臥房的門	-5分	容易讓穢氣流進房間，愛情關係不容易穩定。
9	冷氣出風口正對著床吹	-5分	健康容易出狀況，容易引起耗虛體質，越睡越累、情緒失控。

廁所篇

廁所是全家人排放廢棄物的場所，自然也就成了居家風水中穢氣最重的空間。這裡的採光多寡、通風流向，以及所在的位置都會影響到全家人的整體運勢。

仇家小人全都露

廁所是全家人排放廢棄物的場所，自然也就成爲居家風水中穢氣最重的空間。這裡的採光多寡、通風流向以及所在的位置都會影響到全家人的整體運勢。由於廁所隸屬陰晦的場所，所以在古代很多房子的茅房都會蓋在室外，就是因爲風水上的考量，只不過隨著居住環境的變遷以及方便性的考量，現今廁所都已經被納入居家環境裡面，爲了避免廁所的穢氣破壞吉方所藏納的吉氣和磁場，命理師都會建議廁所不要安置在家裡的吉方。

．廁所必須安置在凶方

讀者可以利用下面這張表格，根據房子的座向找出四個凶方，只要廁所是位在這四個凶方，你大致上就可以放心了。不過，如果家裡的廁所恰好位在所謂的吉方就得仔細看看了，萬一恰好位在延年方或天醫吉方時，就會直接影響到家人的身體健康；若是位在生氣方或伏位方，則會影響屋主的情緒和活動力。

房屋的座向	絕命 凶方	五鬼 凶方	六煞 凶方	禍害 凶方	生氣 吉方	天醫 吉方	延年 吉方	伏位 吉方
坎宅：坐北朝南的房子	西南	東北	西北	西	東南	東	南	北
離宅：坐南朝北的房子	西北	西	西南	東北	東	東南	北	南
震宅：坐東朝西的房子	西	西北	東北	西南	南	北	東南	東
兌宅：坐西朝東的房子	東	南	東南	北	西北	西南	東北	西
巽宅：坐東南朝西北的房子	東北	西南	西	西北	北	南	東	東南
乾宅：坐西北朝東南的房子	南	東	北	東南	西	東北	西南	西北
艮宅：坐東北朝西南的房子	東南	北	東	南	西南	西北	西	東北
坤宅：坐西南朝東北的房子	北	東南	南	東	東北	西	西北	西南

・廁所的門一定要往內開

每一扇門都是納氣、散氣的關卡，廁所的門當然也不例外，由於廁所是藏聚穢氣的地方，所以開門的方向與位置更是格外重要！廁所的門一定要往內開，也就是說要進廁所的時候門是要往廁所裡面推進去的，就風水的理論來說，這樣外面的氣就會往廁所裡面跑；相反的，如果廁所門是向外拉的，就會把廁所裡面的氣向外面傳遞，如此一來穢氣便會四處流竄了。

再者，兩門相對原本就是不好的格局，如果遇到廁所的門與其他門相對就更不好了，筆者就曾經幫一位竹科工程師看新房子，還沒去之前就聽這位工程師一再稱讚新買的小別墅，明亮通風、小院子還有椰子、草坪……。推開客廳的門一看，我便苦笑了一下，告訴他「這間廁所就像是這棟房子的老鼠屎！」因為客廳的確如他所說，窗明几淨，從院子到客廳格局都很好，標準的守財型風水，唯獨大門一開，廁所便不偏不倚的正對大門，而且門還是向外拉的，幸好尚未裝潢還來得及把門改成向內推，在廁所入口的地方設置上玄關和屏風，讓大門一進來不會看到廁所的門。

時來運轉 開運小撇步

粗鹽是奇門遁甲常用的設陣工具，磁場靈動遠比一般加工後的食鹽強大，不只可以趨吉避兇，更可以招迎財神，鎮宅穩氣，更重要的是可以吸取晦氣。所以建

●在廁所馬桶後方，以塑膠小罐子（寶特瓶亦可）裝盛粗鹽，藉以吸取晦氣。

議讀者可以在廁所馬桶後方，以塑膠小罐子（寶特瓶亦可）盛裝粗鹽，藉以吸取晦氣；使用過的粗鹽，切莫直接丟棄，可以用來沖洗廁所，但可千萬別節省過頭拿來泡澡、洗澡，這樣會適得其反，染霉運上身哦！

・莫讓廁所穢氣流進屋內

有些命理師會戲稱廁所的門叫做「鬼門」，並非是這扇門一定有魍魎鬼魅出入，而是廁所在陽宅風水裡算是屬陰的空間，一般家庭廁所也通常安置在隱密陰暗的角落，因此往往通風採光欠佳，容易滋生黴菌、病菌，再加上匯集著全家人的穢物，晦氣自然也容易積聚不散。所以筆者建議，廁所一定要加裝抽風機，把廁所裡的空氣往室外抽，讓空氣流動，才能排解廁所的晦氣。平常不用廁所的時候，切記保持關門狀態，不要讓廁所的晦氣流進屋內，廁所流出來的氣算是一種陰煞氣，容易破壞家裡的財氣與鎮宅之氣，引起漏財、思想混亂、注意力不容易集中與情緒欠佳的狀況。

附帶一提，有些人爲了節省空間，或是爲了重新規劃屋內的格局，會把原先的廁所浴室改成臥房或其他用途，這個時候要特別小心，先確定樓上有沒有其他住戶，因爲房子建造的時候排水系統通常是集中處理的，也就是說一棟房子廁所、廚房的位置大致上都是在同一個區域，如果想將廁所改成臥房，很可能這間臥房的樓上，正是別人的廁所甚至是馬桶，這根本是不能睡人的，因爲樓上的極陰晦氣會把你壓得身體狀況變差，整體運勢變壞。所以，想要把廁所改成其他用途的空間時，一定要三思而後行，最好請命理專家幫你評估一下比較保險。

☆大師來破解

廁所除了門不可以對到桌子、瓦斯爐等，對沖到床也不可以。如果馬桶的方向也沖到床的話就更不好了，容易引起病痛，影響身體健康。萬一眞有這種情況，讀者可以利用屏風、酒櫃、衣櫥等擺設來化解。

禁忌大公開—霉運不要來

廁所門的格局和方向有以下數點禁忌，讀者要特別留心注意。

1.不可與任何桌子相沖（正對），例如餐桌、書桌、客廳的茶几。這樣會破壞圍坐在桌子上的人彼此間的關係。

2.不可與廚房的瓦斯爐（灶）相對，有些風水師認爲這樣容易破壞財運造成斷堆炊；有些風水師則認爲主要是影響到家庭主婦與經常出入廚房者的身體健康。

3. 不可與神明桌、祖先牌位、神像相沖，不論是正沖或是後沖（廁所的門在神明或祖先牌位正後方），都會影響家族運勢，易招來小人。

4. 廁所的門不可與財位（庫）相沖，會形成漏財、破財的格局。

風水大揭密──好運擋不住

有此一說

馬桶若正對廁所大門，容易增加陰煞之氣，因此應避免一進廁所第一眼就看到馬桶。另外，廁所的燈光要明亮，但不宜太刺眼，可以利用鏡子來延伸視覺空間，也可以藉此增加光線折射，幫忙鎮住廁所裡的晦氣。至於廁所的鏡子不要正對著門就好，因為正對著門會影響氣場流通，還會將廁所裡的晦氣反射出去。

●適合放置在廁所改變風水的植物。

在穢氣集聚的廁所，我們可以栽種一些小植物，除了有刺的植物外，其餘皆可栽種，如果要栽種藤蔓類的植物，記得要經常修剪，不要讓藤蔓有任何打結的情形，否則容易與人發生口角糾紛。爲了聚氣，老師建議花瓶最好以透明圓形的陶器或玻璃爲佳。

◎大師叮嚀 好運連連

廁所除了方位之外，採光和通風最重要，筆者建議如果家裡的廁所無法有自然光照射進來的話，每天晚上子時（十一點到一點）盡量讓廁所的燈亮著。同時，廁所一定要加裝抽風機，在子時的時候也要保持抽風的狀態，因爲子時是兩天交替的時候，我們可以趁著磁場靈動力較強的時刻，讓家中廁所的晦氣排放出去。

陽宅鑑定超Easy不求人

居家風水大檢測

廁所篇滿分為100分，依據下表便可算出居家廁所風水的好運指數喔！

	鑑定項目	指數	說明
1	廁所位於吉方	-20分	依房屋吉凶座向一覽表，廁所位於家裡吉方。
2	廁所門是向外開的	-15分	穢氣容易流散出來，造成居家宅氣不乾淨，整體運勢都會受到影響。
3	廁所與其他房門正對沖	-15分	易干擾污穢其他氣場。
4	廁所沒有窗戶也沒有通風設備	-10分	穢氣囤積，會造成宅氣陰晦，住戶容易生病。
5	廁所採光欠佳	-10分	陰穢之氣將會過重，對住戶的所有運勢都有負面影響。
6	馬桶與餐桌、書桌相對沖	-10分	破壞人際關係的和諧。讀書運不佳。
7	馬桶與神桌或爐灶相對沖	-10分	破壞財運和一般運勢。
8	馬桶正對洗手台	-5分	財務狀況不容易掌控，進出之間經常會出現調度不過來的情形。
9	馬桶正對廁所的門	-5分	穢氣外散，容易破壞陽宅的吉氣。

陽台篇

前陽台又稱作「明堂」，和大門一樣重要。因為這裡可以用來擋住各種煞氣，陽台最忌諱的就是雜亂無章、採光通風欠佳。

闔家安康全指南

陽台在居家風水裡，影響著屋主未來的事業發展與整體運勢，視野、採光和通風的好壞決定著屋主未來發展順利與否。衆家風水師對於「有陽台」和「沒有陽台」這兩種房子的評斷並沒有一定的論調，也就是說有陽台的屋子不一定就會比較好，但無論如何，筆者認爲如果有陽台的房子就得注意陽台的風水格局。

居家風水煞關鍵之地

前陽台又稱作「明堂」，和大門一樣重要。因爲陽台可以用來擋住各種煞氣，最忌諱的就是雜亂無章、採光和通風欠佳，如果屋外有其他的煞氣，就得在陽台擋下來或化解掉，否則很容易破壞居家風水的原本格局。只要是陽台看出去會遇到對面屋子的牆角、屋簷遮陽板的屋角、電線桿或變壓電箱等帶有煞氣或障礙物的時候，就得酌情利用八卦鏡來化解，以保護家裡的磁場。

·八卦鏡的特性與作用

一般而言，八卦鏡大致可以分成三種，也就是平面鏡、凸面鏡和凹面鏡三種，因爲光影反射的效果不同，作用自然也就不盡相同。以下即針對此三種鏡面的特性和作用說明如下表：

種類	特性	可化解煞氣
平面鏡	光影反射	1. 稜角煞：對面房子的稜角恰好正對陽台而來 2. 簷頭煞：對面屋子遮雨棚延伸方向，恰好朝著自家陽台斜削過來
凹面鏡	扭曲變形 聚合光影	1. 斜丘煞：房子正對丘陵斜坡 2. 頂心煞：路燈或過量的招牌燈直射
凸面鏡	扭曲變形 擴散光影	1. 路　沖：剛好位在馬路轉彎的位置 2. 穿心煞：陽台恰好正對到天橋、商店的招牌

時來運轉 開運小撇步

如果院子有小鳥或蝴蝶、蜜蜂等動物會飛進來，就表示這裡的磁場適合居住較有生氣。所以我們可以在院子裡撒一些飼料或小豆子讓小鳥飛進來，而對於沒有院子的人來說，如果有陽台就可以好好利用一下。筆者建議可以在院子裡飼養小鳥，如果嫌麻煩就直接放一小撮飼

●陽台的採光和通風要特別注意；在陽台飼養小鳥，可以讓自家的磁場更生氣蓬勃。

料在器皿中，安置在陽台上，讓小鳥可以飛進來取用，藉以幫助自家的磁場更生氣蓬勃。

‧陽台欄杆

除了化煞，陽台在護欄圍牆的部分也得注意一下。有些家庭會利用簍空的設計增加美感，有些則利用造型的欄杆當作護欄，筆者建議若是陽台的欄杆或圍牆是此種設計，最好沿著牆邊栽種一排矮的綠色植物，以免讓家裡的地氣沿著陽台順勢流出，同時也可以避免外面的氣場直接

●簍空的欄杆最好沿著牆邊栽種一排矮的綠色植物。

順著陽台地板灌進屋內，擾亂家裡原先的氣場，讓客廳的財位、吉氣散掉了。

禁忌大公開——霉運不要來

使用八卦鏡的時候必須稍微注意一下，它可是有禁忌的喔！

一、不可以讓光線照射到對面鄰家屋內，必須設法避開。

二、不宜將八卦鏡放置在屋內，雖然可以化煞，但強大的反射力會破壞家裡的氣場。

有此一說

陽台加裝鐵窗在所難免，唯獨必須考慮到不影響採光和視野才行。裝置鐵窗時，最好留兩個可以開關的出入口，讓陽台也有青龍邊和白虎邊的分別，而不管有沒有加裝鐵窗，平常也可以在陽台的青龍邊擺設一些幸運物當做是祈福，如果要鎮邪化煞的話則將鎮邪之寶安置在白虎邊。例如，可以在青龍邊也就是陽台朝外望出去的左手邊，養鳥或放置裝有飼料的器皿，讓青龍邊有鳥兒飛進來或有鳥叫聲，增加陽台的靈動，引來更多吉氣；白虎邊則適合擺放古銅錢串成的七星劍，用來避官司訴訟和小人。

三、由於鏡子是一種反射力強的媒介，尤其是凸面鏡，若遇強煞可以將煞氣抵擋回去，但也極具傷害力，必須避免傷害到別人，也就是不要將鏡面正朝向別人家。

四、如果恰好正對醫院或祠堂、殯儀館、墳場，就千萬不可使用八卦鏡，因為這些場所的空間靈動容易產生鬼魂，用八卦鏡來照射，對他們來說是一種主動攻擊、挑釁的舉止，對靈界神仙也是一種不敬的舉動。

☆大師來破解

不論是前陽台或後陽台，都不可以有障礙物遮蔽陽光或視野，然而並非所有的房子都是因應風水細節而建造的。有些障礙物不是避不掉的天然障礙物就是房子建造之後才出現的，例如：逼近山坡、天橋或高樓大廈等情形，這些陽台不論是被巨大障礙物遮掩或逼近，就風水來說有人稱作是「斷路煞」，也就是斷了屋主未來發展前途的意思。

想要破解這種「斷路煞」，最好的方式就是在陽台上安置「七星燈」，也就是裝上七盞頂燈的意思。另外，必須將陽台的門板改成反光玻璃，最後在陽台的門樑上面安放凸面的八卦鏡，就能完全化解了。七星燈必須在子時的時候點亮，這就像是一道防護線，可以鎮住直衝而來的煞氣；另外，反光玻璃門是用來反射增強七星燈的亮度與效用的；至於凸面八卦鏡，則是用來回擊障礙物的斷路煞。

風水大揭密——好運擋不住

有些舊式公寓一進門就先踏進陽台，接著才轉進客廳，這時鞋櫃的擺設就得小心囉！筆者建議鞋櫃應盡量壓放在「白虎邊」，也就是大門進去之後的左手邊，如果擺放在右手邊會擋住聚納吉氣的「青龍邊」；再者，鞋櫃高度不宜高過陽台高度，也不可以高過屋主的腰部，以免染沖到晦氣，最保險的化解方式是鞋櫃加裝門板，不讓鞋子直接外露。此外，在鞋櫃上面栽種綠色盆景，也是一個鎮住不穩定晦氣的好方法。

◎大師叮嚀 好運連連

大門是陽宅廣納吉氣的入口，然而有陽台設計的房子，通常會有另一扇門通往陽台，這扇門自然也會有氣流進出，爲了避免兩邊的氣流相互干擾，亂了家裡原本該有的格局和磁場，筆者建議，陽台的欄杆圍牆若是簍空設計的，必須栽種綠色植物之外，一定要有照明設備，至少要有一盞頂燈，陽台的頂燈最好在子時（晚上十一點到凌晨一點）讓它亮著，發揮鎭宅守氣的作用。另外，陽台切忌雜亂無章，有栽種植物或飼養動物的人，務必勤加整理，如果陽台的植物遮掩到太多的陽光或視野，就會影響到屋主的未來運途了。

●陽台植物不可遮到太多陽光或視野撈

陽宅鑑定超Easy不求人

居家風水大檢測

陽台篇滿分為100分，依據下表便可算出居家陽台風水的好運指數喔！

	鑑定項目	指數	說明
1	陽台正對橫向大型障礙物	-20分	斷路煞，凡事都會受到阻礙，諸事難成。
2	陽台正對直立式障礙物	-20分	諸如紅綠燈、路燈、電線桿等，容易招來意外災害，凡事容易有小人刻意出手阻礙。
3	陽台緊鄰大型招牌	-15分	將會造成陽台的氣流不穩定，影響家裡宅氣的穩定，財運最容易受到影響。
4	陽台被大樹遮擋	-15分	陽台被樹蔭遮蔽，陽光無法照射進來，容易聚集極陰之氣，變成陰魂野鬼棲息的角落。
5	陽台沒有照明設備	-10分	容易聚陰，家裡的吉氣不易鎮守維持。
6	陽台圍牆是簍空設計	-10分	家裡的氣流容易受到影響，對家人的健康狀況造成威脅。
7	陽台鞋櫃設置在青龍邊	-5分	房子不容易納進吉氣，家人的運勢容易變差。
8	陽台雜亂無章堆積雜物	-5分	凡事容易受到阻礙。

觀自在菩薩行深般若波
羅蜜多時照見五蘊皆空度
一切苦厄舍利子色不異空
不異色色即是空空即是色
受想行識亦復如是舍利子
是諸法空相不生不滅不垢
不淨不增不減是故空中

part 2

開運處方籤

情場得意	愛情桃花朵朵開
婚姻美滿	家庭和樂又幸福
財運富貴	財源滾滾擋不住
身強體壯	身體健康好事多
事業順利	升遷加薪好撇步
考運亨通	考生及第有妙招
早生貴子	生男生女有訣竅

情場得意

愛情桃花朵朵開

是不是覺得自己的愛情走得不順遂呢？每次遇到喜歡的人，總是只能裹足不前癡癡遠望呢？或者，你老是覺得自己永遠只有暗戀的份兒？沒關係！不管你是正在等待愛情，或是等不到愛情，相信只要你稍微勤勞一點，幾個動作，小小改變一下居家環境，一定就能夠增進你的愛情運勢。

在居家空間裡與愛情最有關係的就是「房間」了。想要增加自己的愛情運勢，就得好好注意一下自己的房間擺設，有時房間擺設出錯，不是讓你濫桃花運接踵而來，就是讓你的愛情老是中場出局、無疾而終。接下來老師就告訴大家兩個最簡單的居家風水愛情開運法，讓你從此情路順遂，愛情桃花朵朵開。

第一處方籤

香水百合開運法

‧愛情開運按部就班　靈驗指數90%

香水百合是一種磁場相當飽和的植物，象徵愛情的圓滿與溫馨，利用香水百合搭配房子或房間的座向方位，可以產生相得益彰的磁場開運效果。方法很簡單，只要準備單數支的香水百合，在子時（晚上十一點到一點）的時候，將花插在當年臥房的吉方就行了。

1. 準備單數枝的香水百合（不限花有幾朵），例如：1、3、5、7等單數支。（最多不要超過13枝、老師建議7、9、11枝最佳）
2. 依據下表，利用指南針找出房間的吉方：想談戀愛的可以選擇紅鸞方；而想結婚的則要選擇天喜方或喜氣方。

年歲	紅鸞	天喜	喜氣方
92	西南	東北	東北
93	西南	東北	南
94	南	北	北
95	東南	西北	西南
96	東南	西北	東
97	東	西	東南
98	東北	西南	中
99	東北	西南	西北
100	北	南	西

註：依民國年次為準

3.第一次擺設的時間要選在兩天交替，靈動力最強的子時，也就是晚上十一點到一點之間。

4.花瓶以透明沒有稜角的圓柱狀或圓形最佳。

●在居家空間裡與愛情最有關係的就是「房間」。

5.花瓶內的水要保持乾淨，換水時不必選擇特定時間。

6.不管花凋謝了幾朵，只要記住維持單數枝就可以了。

第二處方籤

生肖靈動開運法

‧愛情開運按部就班

靈驗指數85%

一般人對十二生肖的認知，似乎都僅止於哪個年次的人就是屬於某一個特定的動物，例如大家都可以推算出來民國六十四年次是屬兔的。但是，你知道嗎？十二生肖可是中國傳統命理不可或缺的一部分，有人依據生肖的對應關係卜卦，也有人將十二生肖與陰陽五行結合預測生老病死。許多命理師就是利用生肖來算出吉凶禍福的。現在，筆者就依據各個生肖的陰陽五行和

對應關係，幫大家找出家裡最適合擺放的幸運物，它的道理很簡單，誠如星座可以利用彼此間的上升、下降與對應關係算出配對指數高低一樣的邏輯。

十二生肖靈動開運法很簡單，只要依照下表，就可以看出你最適合哪些生肖的幸運物，老師建議以存錢筒、桌燈、枕頭、抱枕、隨身裝飾品等，你天天會碰到的東西最好，愈常碰觸的東西，就愈能增加生肖間的靈動力。

這是開運方法中最簡單的一種，不用注意擺設的位置，只要依照老師建議你最適合的對應生肖，選擇你喜歡放在房間裡的東西就可以了。不過，要記得親自在這個幸運物身上綁上紅絲線或紅色緞帶，這麼做可以增加你和這個幸運物之間的互動力。

你的生肖	適合你的幸運物生肖
鼠	牛、龍、猴
牛	鼠、蛇、雞
虎	馬、狗、豬
兔	羊、狗、豬
龍	鼠、猴、雞
蛇	牛、猴、雞
馬	虎、羊、狗
羊	兔、馬、豬
猴	鼠、龍、蛇
雞	牛、龍、蛇
狗	虎、兔、馬
豬	虎、兔、羊

婚姻美滿

✷家庭和樂又幸福

你是不是覺得家人老愛為一些雞毛蒜皮的事吵架呢？很多人明明就是知道沒什麼好計較的，卻莫名的對某位家人心生不滿有偏見，兄弟姊妹或夫妻間話不投機也就算了，偏偏三不五時還像小孩子一樣想鬥上一兩句。其實，男女間的問題有太多酸甜苦辣可以大書特書，許多人都知道相愛容易相處難，眞正結婚了要天天住在一起，才是眞正的考驗。俗話說：「一樣米養百樣人」，家家有本難唸的經，每個家庭會遇到的問題也是截然迥異。

這種人與人之間的互動缺陷，不一定能夠找到明確或眞正的根源，一語道破完全化解讓兩人合好如初相親相愛。但透過風水格局的安排，是可以有

●家裡應避免擺放有刺的植物，攀附力強的藤類植物。

效改善彼此間互動模式的，因爲問題有時是出現在人體外界的磁場干擾。

就像前面提到的，家裡應避免擺放有刺的植物，攀附力強的藤類植物也非常不適合，因爲這些擺設會讓家人彼此間的關係不順暢、不和諧易有口角，而與外界的人際關係也容易錯綜複雜，發生糾紛。如果你們正是愛吵架、愛鬧彆扭的一家人，筆者建議一定要先將家裡會攀爬的植物修剪整齊，不要太茂密凌亂；帶刺的植物要將刺完全剔除，而一勞永逸的方法就是改種別的植物。除此之外，以下還有兩種簡單的家庭和睦開運法。

第一處方籤

磁場靈動開運法

・家庭圓滿開運 靈驗指數85%

根據陰陽五行的法則，只要讓家裡的陰陽氣場調和均勻，男女間的互動就可以順暢自然，減少彼此間的摩擦與意見分歧。在居家擺設方面就有許多簡單的方法可以改進，無須動到複雜的隔間或裝潢。首先，可以在家裡擺設陰陽調和的裝飾品，例如：同時出現月亮和太陽的圖畫、龍鳳圖、夫妻合照或鴛鴦戲水圖等等。

另外，由於淡紅（粉紅）色的水晶可以引導愛情的磁場，所以可擅用淡紅（粉紅）色的水晶球，來增加彼此感情的相合指數。最好的擺放位置是在床頭櫃與床下，但切忌擺在床正中心的正下方。

第二處方籤

廚房粗鹽開運法

・家庭圓滿　靈驗指數90%

在前面的廚房篇空間開運法中，已經告訴大家廚房不只是家裡的暗財庫，更是影響家人關係是否和睦的重要關鍵，主要原因爲廚房是家裡最容易發生陰陽五行當中，水火相剋失調的空間。

由於廚房的瓦斯爐、微波爐、烤箱等都是帶有旺盛的躁氣，容易使人的產生浮動與不穩定的磁場，所以建議多多利用奇門遁甲用來佈陣的粗鹽來安穩灶氣。使用的方法很簡單，只要在廚房火爐後方或下方，以黑色或深褐色小碟皿放置粗鹽，表面務必平鋪，用以平穩家氣，如此一來便可以使家人的關係較和睦不易躁動。

●家中植物必須修剪整齊，不可過於茂密，甚至凌亂。

●客廳的明財位最重要的就是要保持明亮乾淨整潔，讓磁場與氣場順暢流通。

財運富貴

財源滾滾擋不住

雖說錢財乃身外之物，但沒有錢就是萬萬不能！每逢過年佳節捻香揖拜，眾人也都會祈求闔家平安發大財，人們對錢財的攀附力由此可見一般。不過，錢財畢竟不是單單靠神明與列祖列宗的庇佑即可從天上掉下來，仍是得自己努力開源節流而來的！除了努力工作，居家風水當然也得注意一下，否則努力了半天，偏偏家裡的風水守不住財，賺了等於白賺，怨天尤人自嘆是勞碌命也沒用！

想要增加自己的財運，就得從居家風水的明財位和暗財位著手，客廳的明財位最重要的就是要保持明亮乾淨整潔，讓磁場與氣場順暢流通。其中最忌諱的就是所謂的「穿堂煞」，也就是客廳大門與屋內最裡面的窗戶或後門，形成一直線，兩相對應的「漏財格局」。另外，香水百合除了可以用來增加感情運勢，它渾厚穩定的磁場也可以用來招財，方法與感情開運的方式差不多。

第一處方籤

山水畫作開財運

・正財偏財滾滾而來

靈驗指數80%

水是一種帶財的主要媒介，居家客廳可以多多運用水來生財，最簡單的方式就是擺設山水畫作、魚缸、風水輪。

1.山水畫作：水的流向務必由外向內，流水的氣勢不宜湍急不止，最好是涓涓不息，漸趨緩慢形成累積的水流。

2.魚缸：安置在明財位，魚缸中最好放進七種顏色的石頭（可以埋在一般魚缸常用的碎石下面），七種顏色的石頭俗稱「七寶石」，可以用來聚

●魚缸是運用水來生財的擺設飾品之一。

●魚缸中最好放進七種顏色的石頭。

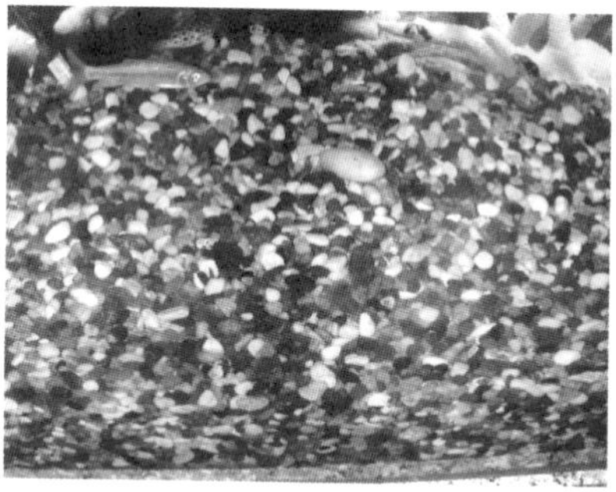

氣生財。

3.風水輪：安置在明財位，可以和魚缸同時安置，一樣必須注意水的流向，必須是朝向屋內，風水輪也可以放置七寶石。

第二處方籤

香水百合招財法

・財源不息　財庫滿盈　靈驗指數85%

1.準備白色香水百合11支。

2.依據左表，利用指南針找出房屋的吉方。

3.第一次擺設的時間要選在兩天交替靈動力最強的子時，也就是晚上十一點到一點之間。

●白色香水百合的穩定磁場也可用來招財。

年歲	吉方
92	東北方
93	南方
94	北方
95	西南方
96	東方
97	東南方
98	中央
99	西北方
100	西方

註：依民國年次為準

4. 建議夜間的時候，在花的頂端以黃色燈泡照明，加強氣場。

5. 花瓶以透明沒有稜角的圓柱狀或圓形最佳。

6. 花瓶內的水要保持乾淨，換水的時候不必選擇特定時間沒關係。

7. 不管花凋謝了幾朵，只要記住將已謝的花朵摘除，待花瓶中的白色香水百合花快要全部凋謝完的時侯，再去買新鮮的白色香水百合回來一次補足即可。

身強體壯

身體健康好事多

居家風水對健康、人格發展與精神狀況都有著密切的關聯，例如：潮濕陰暗的空間多半不能順利通風，雖然可以藏住氣場，但卻無法將穢氣順利排出，也無法順利導進新的氣場，形成一種「沉死氣」。沉死氣會阻礙人體睡眠時的磁場循環，無法讓人的磁場調整順利進行，久而久之容易精神欠佳，思考事情的邏輯也會變差，睡眠時間再長也會覺得休息不夠。想要身體健康，精神飽滿，腦袋邏輯更清楚，都可以透過居家風水的擺設或規劃來改善。

舒適健康、適合人居住的房子一定要有充足的採光與乾淨流動的空氣，採光充足空氣流通，自然可以透過氣流調節溼度。「三光」是優質陽宅不可或缺的條件，其「三光」就是指「晝有日光、夜有月光、晨有星光」，此三光可以聚氣並穩定磁場，有助於陽宅風水的磁場，也就是說居家一定要讓足夠的太陽光照射進來，越多可以看到月亮和星星的窗子越好。

居家風水當中以臥房、客廳、廚房和人體健康的關係最密切，只是有些人的客廳恰好就是採光不足或剛好房間廚房沒有窗戶或窗戶太小，這個時候就得利用燈光照明和通風設備來改善補強。

第一處方籤

客廳照明開運

・健康元氣 靈驗指數85%

客廳是陽宅藏風聚氣的第一關卡，宅邸所藏的氣會不會對健康造成負面影響就看大門了，老師建議大門玄關處，盡可能保持明亮，如果玄關處採光不足，就得安裝燈具，只要需要打開大門時，都將玄關的燈打開，這樣有助於抵擋穢氣鎮穩宅內的磁場；另外，筆者也建議大家可以在大門進門後屋內的右手邊安裝一個壁燈或立燈，讓光朝天花板照射，這可以稱作是「引龍燈」或「招祥燈」，是用來招吉氣用的。

第二處方籤

臥房照明開運

・健康元氣　靈驗指數90%

●適合人居住的房子一定要有充足的採光與乾淨流動的空氣。

許多房間由於日照的機會與時間很少，屋主白天上班根本也不會開燈，晚上回家也不一定開著燈待在房間裡，所以回到家的時候，你可以點亮房間所有的燈，並利用冷氣或電風扇讓房間的空氣流通流通。如此一來，即便是房間沒有窗戶，也不會形成對身體健康不利的「沉死氣」。

第三處方籤

臥床坐向開運

．頭好壯壯　靈驗指數90%

依照天干地支六十甲子、八卦遊年與生肖的搭配，不難找出有助於每個生肖身體健康的吉方，大家可以從下面

●讓立燈朝天花板照射，招吉氣。

這張表格，依照左邊的男女出生民國年次，再對照最右邊那一欄，找出讓自己連睡覺都可以促進身體健康的「天醫方」，只要將床朝向天醫方，在休息的時候，你的磁場與氣場靈動就會順著這個方位調整你的身體狀況，就連生病住院的時候，如果可以選擇病房，筆者也會建議，利用這張表格所提供的方向，來選擇適合的病床或病房，以利早日康復。

・天醫方安床法－健康加倍

天醫方	（女命）出生年次	（男命）出生年次
東北方	8、17、26、35、44、53、62、71、80、89、98	2、11、20、29、38、47、56、65、74、83、92
西南方	9、18、27、36、45、54、63、72、81、90、99	1、10、19、28、37、46、55、64、73、82、91、100
西北方	1、7、10、16、19、25、28、34、37、43、46、52、55、61、64、70、73、79、88、91、97、100	9、18、27、36、45、54、63、72、81、90、99
東南方	2、11、20、29、38、47、56、65、74、83、92	8、17、26、35、44、53、62、71、80、89、98
東方	3、12、21、30、39、48、57、66、75、84、93	7、16、25、34、43、52、61、70、79、88、97
西方	4、13、22、31、40、49、58、67、76、85、94	3、6、12、15、21、24、30、33、39、42、48、51、57、60、66、69、75、78、84、87、93、96
北方	5、14、23、32、41、50、59、68、77、86、95	5、14、23、32、41、50、59、68、77、86、95
南方	6、15、24、33、42、51、60、69、78、87、96	4、13、22、31、40、49、58、67、76、85、94

註：依民國年次為準

事業順利

升遷加薪好撇步

找工作、升遷、離職、資遣和裁員，對許多上班族來說應該都不陌生，眞正可以平步青雲順利發展的人並不多，可以在同一間公司安安穩穩地過一輩子越來越少見了。而你是不是正厭倦了從這張辦公桌換到另一張辦公桌、從這間辦公室搬到另一間辦公室了呢？其實，想要增加工作運勢，不一定只能在辦公室的風水上動手腳！現在，筆者就要教大家幾個簡單的居家職場風水開運DIY。

居家風水和屋主的職業最有關係的地方，莫過於客廳的明財位與餐廳的貴人格局，另外陽台和窗台也很重要。明財位攸關著你的收入狀況；餐廳的貴人格局關係著你在工作職場上能否得到貴人的相助早日升遷；至於走廊窗台則牽動著運途順利與否。所以，只要擅用這幾個地方的風水格局或簡單的裝飾，相信你很快就可以讓自己的工作運勢漸入佳境，步步高昇。

第一處方籤

水晶求職開運

·求職必勝　靈驗指數90%

水晶具有很強的磁場吸附能力，就像磁鐵一樣，可以透過靈動力汲取鄰近的吉氣。有一個小小的實驗方法，大家不妨試試看。首先，拿兩顆圓球狀的水晶球相互靠近，當兩顆水晶球距離一公

●餐廳的貴人格局關係著你在工作職場上能否得到貴人的相助早日升遷。

分左右的時候，讓兩顆水晶球一左一右或一上一下的交替擺動，你一定會發現這兩顆水晶球之間有一種微妙的力量，一會兒相互排斥、一會兒相互吸引，這就是水晶球在汲取磁場時所發生的磁場靈動。許多命理師也都認爲不同的水晶具有不一樣的功能，既然是要求得事業發展，筆者建議可以利用白水晶來避小人阻擋，也可以穩定個人氣場；黃水晶用來增加升遷運勢帶來財運，紫水晶則拿來增加貴人運勢。

●白水晶可用來避小人阻擋，也可以穩定個人的氣場。

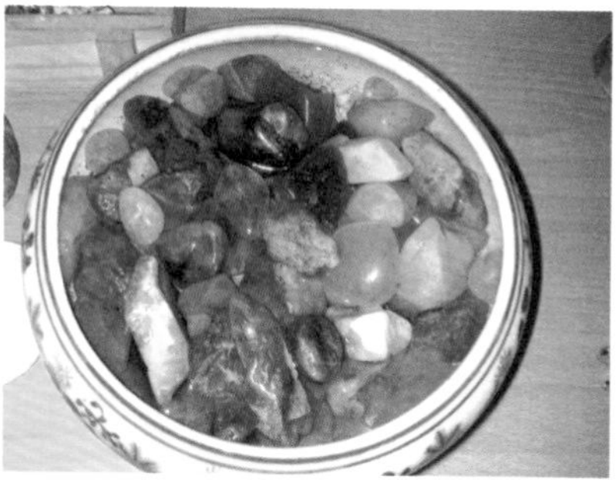

●各式水晶具有不一樣的功能。

至於水晶擺設的位置，其實很簡單，只要擺在明財位就能增加磁場靈動；如果家裡的明財位已經擺設了其他的相關幸運物，也沒有關係，你還是可以放心安置開運水晶。

第二處方籤

餐廳桌椅擺設開運

·祈求貴人有求必應 靈驗指數85%

餐廳是我們闔家團圓的地方，也是宴請賓客的重要場所，可以進入自家餐廳一起吃飯的人，通常也都具有一定的重要性。所以這裡的風水自然牽動著家人互動與貴人之間的運勢。如果想要增加工作運途上的貴人運勢，就不得不從餐廳下手。首先，餐桌切忌不能靠牆，桌椅的配置必須讓大家可以圍坐在一起的格局才行，如此一來氣場才可以流通而不受阻礙。

另外，老師建議可以在餐桌附近的矮櫃上，種植一排萬年青或幸運竹，這兩種植物都具有搶地氣的效果，可以幫助你增加不少貴人運勢。萬年青或幸運竹的數量只要是單數枝就可以了，至於要種多少高度，倒沒有一定的限制，屋主可以依照居家裝潢自由選擇。

第三處方籤

引鳥覓食開運法

・喜訊連連 靈驗指數90%

鳥類在中國命理上，有種「帶來喜訊」的隱喻，所以有些人養鳥的用意並不在休閒，而是想要藉著牠來增加自己的運氣。有些人利用牠來求財、有些人利用牠來避官司，而有些人則利用牠來增加官運。

在這裡要教大家的是一種很簡單的方式，你只要每天在庭院、陽台或窗台，撒一些穀粒或豆類食物，讓鳥類可以飛進來休息，久而久之就會有鳥類飛過來取食。庭院或窗台、陽台有小鳥飛進來，除了象徵著一種喜訊連連的意思，也可以增加房子的生氣，若想升官發財或升遷加薪，不妨試試這個簡單的方法。

●鳥類在中國命理上，有種「帶來喜訊」的隱喻。

●在餐桌附近的矮櫃上，種植幸運竹，可以幫助你增加不少貴人運勢。

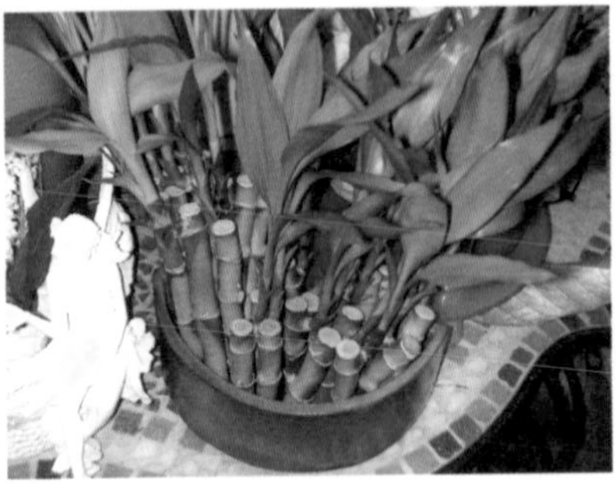

考運亨通

考生及第有妙招

古今中外，莘莘學子們似乎都脫離不了甄選考試、科舉制度的層層篩選，只要考季一到，我們就不難發現，大部分和考運有關聯的廟宇經常擠得水洩不通，准考證、身分證、衣服、文具、青蔥、粽子……，吃的、穿的、用的，全部都被搬上貢桌祭拜。無論是想要求得功名利祿或者只是想考間學校繼續深造的人，都會到廟裡上個香、求個心安，由此也不難看出大家對考運的信仰觀念有多根深蒂固。信仰東方宗教的日本、韓國也都不例外，日本京都的太宅府就是求考運不得不去的地方，至於國內就非各地的文昌君廟莫屬了。只是考期將近才到廟裡拜拜，這多半也只是所謂的臨時報佛腳，想要求得及第好考運，平時除了多用功，其實從日常居家風水的擺設開始著手也很有效。

最簡單的方式就是將考生的房間安置在家裡的「文昌位」。考生的書桌要面向當年的「文昌吉方」，不論是陽宅固定的「文昌位」和每年流動的「文昌吉方」，大家可以參考下面的（表一），找出家裡的文昌位和吉方，幫助家裡的考生增加好運氣。

第一處方籤

文昌位開運法

・及第好風水　靈驗指數90%

就陽宅格局來說，每間房子都會有固定的「文昌位」。這個位置是最適合考生睡覺的地方。只要將房子利用九宮格的方式劃分成九個區域，就不難找出「文昌位」，將考生的房間安置在這兒，對他的考運就會有很大的幫助。

第二處方籤

文昌吉方開運法

·及第好風水 靈驗指數90%

增加考運的方式，除了將考生的床鋪和房間安置在「文昌位」之外，其實還有另外一個相互搭配、相得益彰的撇步，那就是將考生的書桌朝著

表一：找出家裡最適合考生居住的房間

房屋的座向	陽宅的文昌位（考生安床位置）
坎宅：坐北朝南的房子	東北方
離宅：坐南朝北的房子	南 方
震宅：坐東朝西的房子	西北方
巽宅：坐東南朝西北的房子	房子中央
乾宅：坐西北朝東南的房子	東 方
坤宅：坐西南朝東北的房子	西 方
艮宅：坐東北朝西南的房子	北 方
兌宅：坐西朝東的房子	西南方

註：陽宅座向基本上可利用「八卦」的向位分成八種，也就是分別朝向東、南、西、北再加上朝向東北、東南、西北、西南等。舉例來說：如果利用指南針發現你家的座向是「坐東北朝西南」，這就稱為「艮宅」，正北方的房間便最適合考生居住。

當年的「文昌吉方」。

「文昌吉方」會隨著天干地支而變動，每年都會有所不同，想增加考運的人，可將書桌對著當年的「文昌吉方」。如此一來，讀書的時候便可以朝著這個方向，增加定力和記憶力，這樣對增加考運也很有幫助。

●書桌安置好，利用投射燈，暢旺文昌位的磁場。

●將考生的書桌朝著當年的「文昌吉方」，可增加考生的定力和記憶力，對增加考運也很有幫助。

表二：最適合考生流年文昌吉方（書桌最佳朝向）

流年	文昌吉方	流年	文昌吉方
92/2003 年	朝東方	93/2004 年	朝東南方
94/2005 年	朝屋子的中央	95/2006 年	朝西北方
96/2007 年	朝西方	97/2008 年	朝東北方
98/2009 年	朝南方	99/2010 年	朝北方

註：

1. 舉例說明：民國94年的時候，不管書桌安置在哪個房間，朝向房子中心點的方向是最有利於考生的。

2. 書桌安置好後，建議你利用立燈或桌燈，朝著桌面照射兩三天，這將有助於文昌方位的旺氣與磁場。

早生貴子

生男生女有訣竅

「傳宗接代」對許多家庭來說，是結婚的重要目的之一，卻也是許多人心中的壓力來源。因爲除了生物科技的強力控制之外，生男生女仍然不容易被人們完全控制，基於求子心切的殷殷期盼，許多生男生女的習俗或各種撇步也就應運而生。

以居家風水來說，無論是想要生小孩的，還是確切知道自己想要男生或女生的，都得從臥房、客廳

●想要生男或生女，可在客廳安置「求子位」或「求女位」。

和陽台的小地方著手。臥房不只和屋主的婚姻感情特別有關係，生男生女也是大有關聯。其中「採光」的多寡就攸關著生男機率的高低。

再者，居家風水常談到的「明廳暗房」，意思是說明亮的客廳可以藏納好風，隱密的房間可以聚守吉氣，但這並非意味著房間就是要陰暗潮濕，而是告訴我們不要讓隱私與吉氣外洩，既然客廳是納氣的地方，想生小孩的人，不管是想要生男或生女，就得在客廳安置「求子位」或「求女位」。

第一處方籤

臥房開運法

・成功孕產 靈驗指數85%

中醫或堪輿、風水等都會提到「孤虛」這個名詞，就中醫視覺診斷來說是指臉色蒼白略顯偏黃、嘴唇發白乾裂、手掌顏色偏黃；就風水堪輿來說則是孤立無援，背無靠山、前無護水。

居家風水會產生「孤虛」格局的原因有很多種，庭院過大、草木稀疏，房子無所掩護也會造成「孤虛」，這種房子容易引來祝融或不測的劫難；如果是因為房子裡的採光薄弱，陽光不容易照射進來，也會形成一種「孤虛」格局，屋主勢必體弱多病，容易受到無法根治的慢性病纏身，婦人也不容易受孕。所以想要生小孩的人，就得從家裡的採光開始著手。

孕婦的臥房一定要讓「三光」照射進來，這對孕婦的磁場有極大的幫助，而所謂的「三光」就是前面所提到的「日光、月光、星光」，三光除了鎮守宅氣，還可以安胎順氣。因此建議孕婦一定要住在有窗戶，而且可以讓陽光充份照射進來的房間，若窗戶太大陽光太刺眼，可以利用窗簾來調整；假使房間沒有窗戶、陽光照射不進來，也不可能換房間的話，唯一可以彌補的方式就是增加燈管或燈泡來改進，雖然效果有限，但至少聊勝於無。或者在房門的對角線擺設一盞立燈，讓光線朝天花板照射，只要是準備受孕和懷孕的期間，都讓燈全天候亮著，燈泡壞了就換新（燈泡壞了不用擔心有什麼禁忌）。

第二處方籤

三光照射開運法

．男、女成功孕產 靈驗指數90%

「三光」充足的房間，比較容易受孕，胎氣也較能安穩，如果想要生男或生女，就得注意一下陽光照射的部位。想要生男生的話，就盡量讓床頭照射到陽光，丈夫睡在靠近窗戶的這一邊；相反，若想生女生，則不要讓床直接照射到陽光，先生也不要睡在靠近窗戶這一邊。

另外，筆者會建議你每天晚上打開窗戶至少一個時辰左右，最好的時辰是「子時」（晚上十一點到凌晨一點），讓星光與月光照射進來，幫助調和房間的氣流與磁場，如果適逢月圓的時候，更要將窗戶打開，讓月光和星光照射進來。

第三處方籤

保護胎氣開運法

‧守氣安胎 靈驗指數95%

可能還有很多人不知道，居家風水講求的「藏風聚氣」是有方向的。「氣」是順著開門的方向藏納，也就是說如果家裡的門只有一道，而且是由屋內向外推開，那麼這扇門是無法藏納吉氣的，因爲家裡的氣反而會順著門向外流出；如果家裡的門有兩道，一道是向外推的外門，一道是向內拉的內門，這扇門就還可以藏納吉氣，納氣與否是以最靠近家裡的這扇門爲主。

大門向外開的房子，不僅無法聚守吉氣，就各方面來說也會有負面影響，諸如漏財、離異等。針對孕婦來說，就容易造成所謂的「洩胎氣」，意思就是說胎氣不穩定，容易隨著向屋外流動的氣流走，雖然不至於直接導致流產等重大意外，卻會直接影響胎兒與孕婦的健康狀況。

另外，剛才有提到過，大窗戶可以讓室外的採光照射進來，有利房間的磁場，但必須注意的

●大門向外開的房子，會對孕婦造成「洩胎氣」影響胎兒與孕婦的健康狀況。

●落地窗一開就如同開門一樣，會產生氣流與磁場的異動，對胎氣與孕婦會產生影響。

是，如果房間的窗戶是可以打開、讓空氣進出流動的落地窗，就要小心了！因爲落地窗一開就如同開門一樣，會產生氣流與磁場的異動，對胎氣與孕婦都會產生影響。如果這種可以打開的落地窗外有陽台，陽台也有一道矮牆，就沒有關係，因爲這道矮牆可以阻擋屋內氣流的快速流動，保住房間內的氣流與磁場；但假使落地窗外的陽台沒有一道矮牆，而是簍空設計的欄杆，就必須在欄杆下種植一排植物花草，藉以化解房氣難守外洩的壞風水。

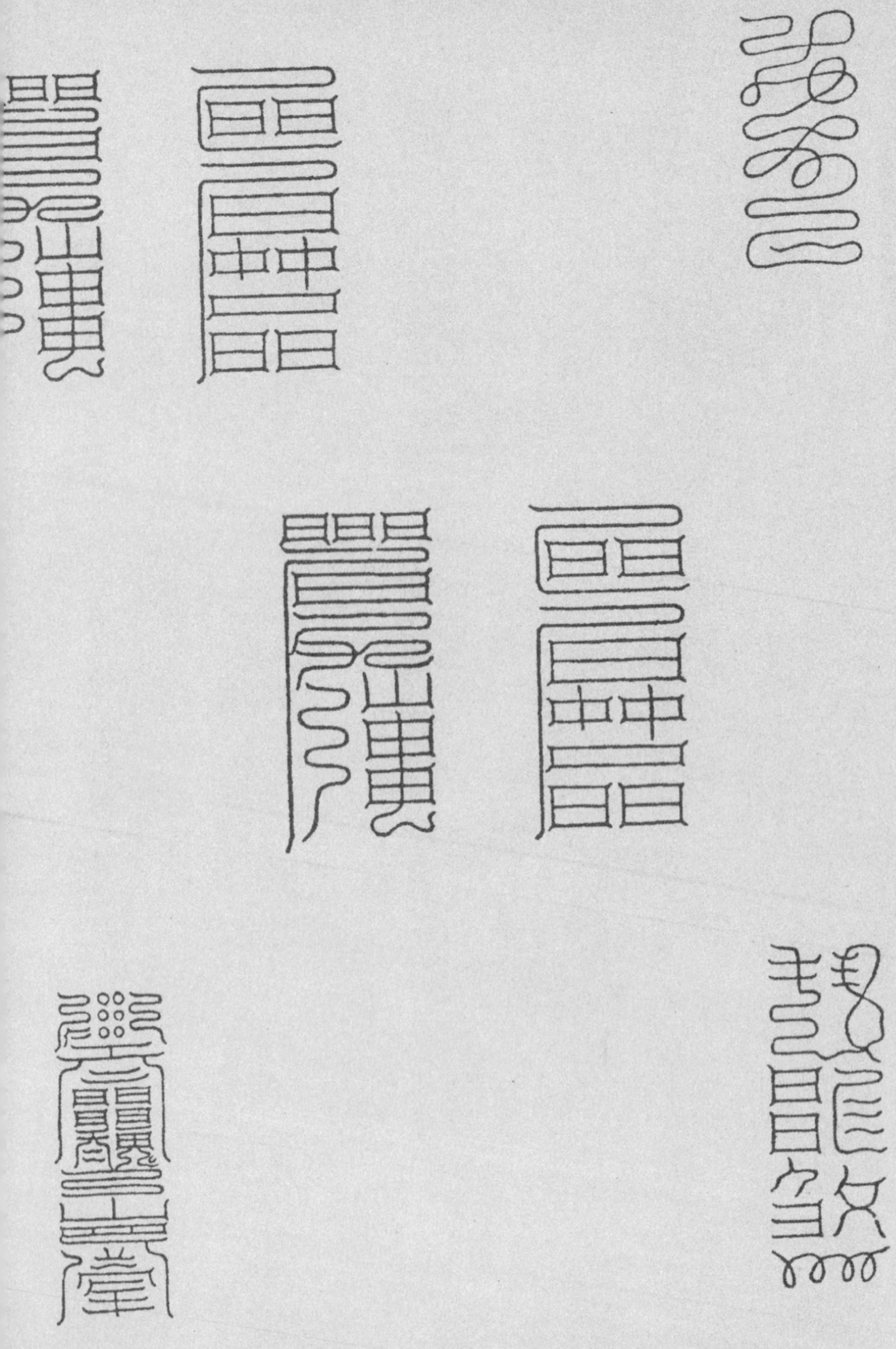

附錄 開運御守合集

名詞解說

〔過香火〕

必須在指定的時間及指定的爐上過香火，先面對指定的爐，拜三拜，心中默念弟子〇〇〇民國〇年〇月〇日〇時生，祈求保佑弟子〔祈求之事〕，然後雙手拿著祈求的符，在指定的爐上左繞三圈、右繞三圈，拜三拜。

〔畫符、開光〕

畫符前：先淨身、淨桌子、淨椅子、淨紙筆……等等。

畫符時：口唸每種符之請神口訣以及每種符的開光口訣。

A、愛情萬萬歲

1桃花開運御守

你是否處於工作忙碌的狀態？你是否沒有什麼空閒的時間，擔心著年齡漸漸增長，另一半不知何時才會出現？

御守功能

增進個人桃花磁場之符，讓你桃花朵朵開，不再孤單一個人！

〔符已開光、但使用者須過香火〕

使用方法

★增進個人桃花磁場之符，一定要記得隨身攜帶ㄛ！

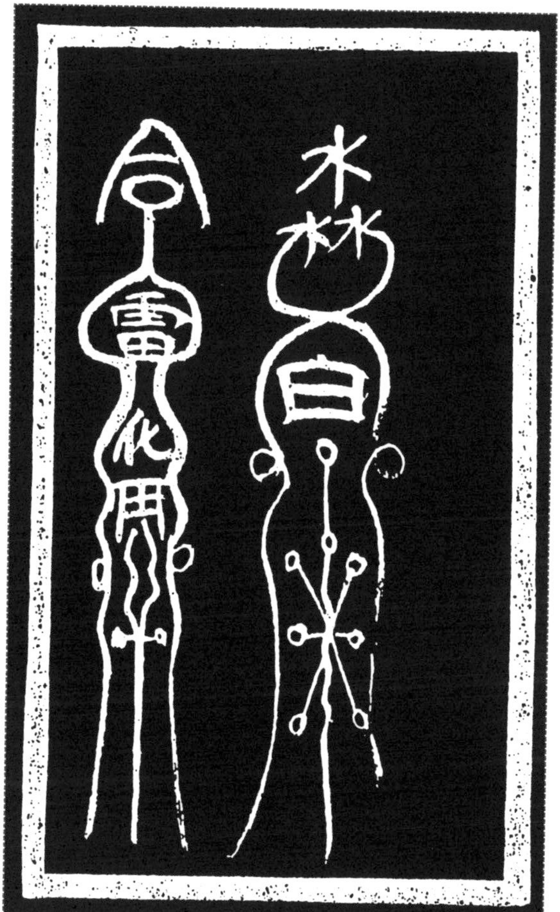

★可於每年國曆二月十四日或者農曆七月初七日，到有供奉月下老人的廟宇朝拜、過香火，完成後用紅包袋裝之。

★須在月下老人前的爐過香火而非天公爐過香火。

2 狐狸精必煞御守

另一半無視於你的存在，正與他人打得火熱，你是否方寸全亂、手足無措呢？

御守功能

斬斷可惡的狐狸精符，讓妳斬斷另一半身旁可惡的狐狸精！

〔符已開光、但使用者須過香火〕

使用方法

★斬斷可惡的狐狸精符，可服用、也可以暗藏。

★於半夜十二點整，在住家廚房，面對客廳點香祭拜地基主保佑，過香火。

備註：香爐或米杯旁需擺放一個紅包袋，紅包袋上要記得放一把剪刀。

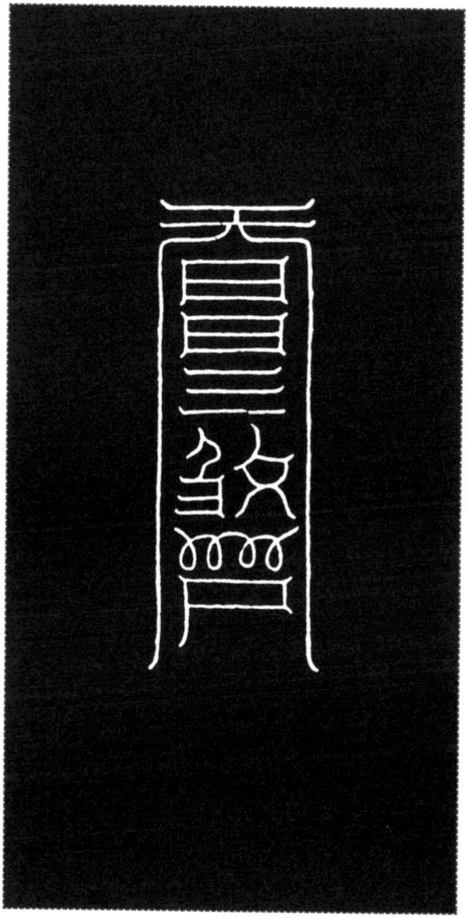

★此符如不服用，可暗藏在床墊下方或者枕頭套裡面。

B、婚姻百事吉

1 姻緣開運御守

你們是否已交往多年，經常遇到諸多阻礙或者是他像個呆頭鵝，遲遲未向你求婚呢？

御守功能

姻緣早現符，讓你早日完成婚姻大事。

〔符已開光、但使用者須過香火〕

使用方法

★姻緣早現符，可服用、也可以隨身攜帶。

★於國曆二月十四日或者農曆七月初七日，到有供奉月下老人的廟宇朝拜，過香火。

★須在月下老人前的爐過香火而非天公爐，過完香火後用紅包袋裝之，隨身攜帶。

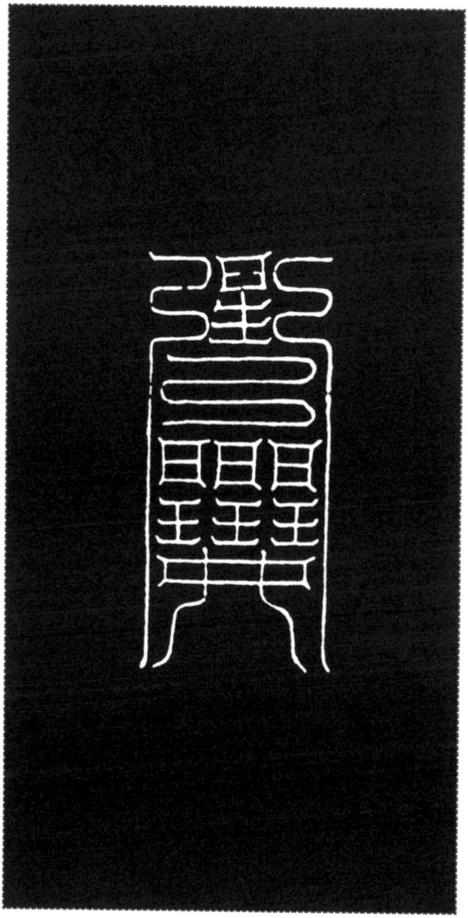

2婚姻穩定御守

如何讓另一半更疼愛我、更體貼我？如何才能讓我們永遠保持擁有初戀般的感覺呢？

御守功能

增加婚姻穩定符，讓你婚姻生活甜蜜蜜！

〔符已開光、但使用者須過香火〕

使用方法

★增加婚姻穩定符，此符要放在自己的衣服及另一半的衣服中央。記得要將自己的衣服放上面，另一半的衣服放下面。

★婚姻穩定符於每年農曆八月十五日晚上9點至11點在居家陽台（或客廳面對窗外）面對月亮朝拜，過香火，完成後用紅包袋裝之。

備註：香爐或米杯旁需放置自己的眼淚（平常遇到傷心的時候，記得找一容器裝下自己的眼淚）。

C、家運昌隆

1闔家平安御守

你是否擔心入不符出？你是否擔心全家人健康、平安？

御守功能

家運昌隆、闔家平安符，讓你閤家健康平安。

﹝符已開光、但使用者須過香火﹞

使用方法

★此符須貼在出入大門上方中央處。﹝最好男生貼符，切記，女人月事來時不可碰觸﹞

★農曆初一日或者農曆十五日在居家客廳面對大門祭拜、過香火。

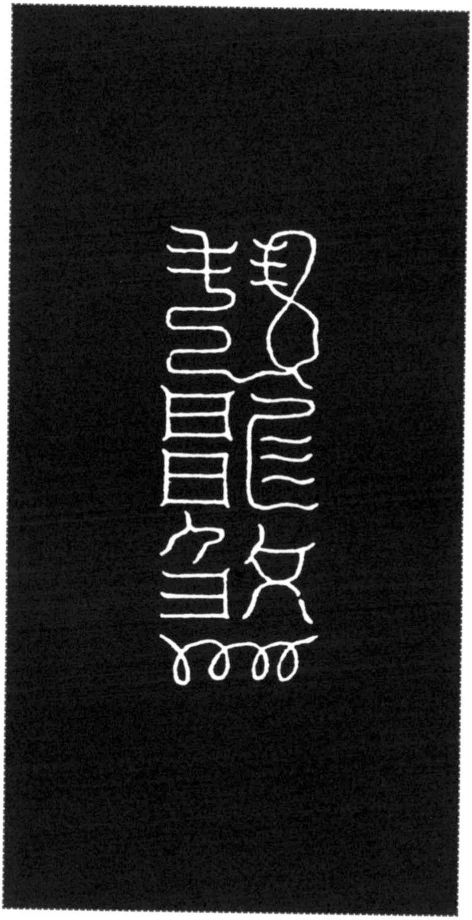

2孕婦安產御守

在此先恭喜懷孕的婦女，第一胎嗎？粉緊張ㄛ！

御守功能

安胎符，保佑妳從懷孕到生產過程順順利利。

〔符已開光、但使用者須過香火〕

使用方法

★安胎符須隨身攜帶。

★農曆初一日或者農曆十五日到觀音送子或註生娘娘廟朝拜、過香火，完成後用紅包袋裝之。

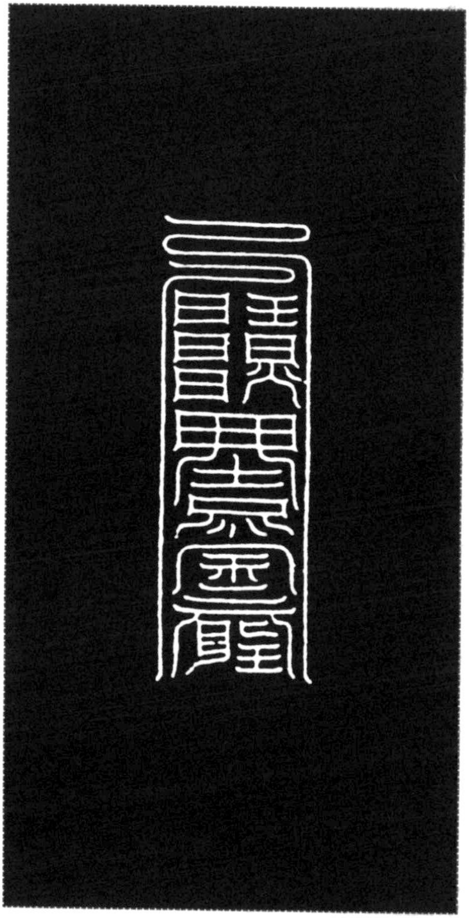

D、學業精進

1及第御守

你擔心小孩讀書不用功嗎？煩惱小孩不愛讀書嗎？你的小孩是否愛上電腦玩遊戲，而不肯讀書呢？

御守功能

學業精進符，讓你小孩的心快回到書本上來。

〔符已開光、但使用者須過香火〕

使用方法

★學業精進符可放在書包裡或書桌抽屜。

★每年農曆二月初三是文昌帝君生日，國曆九月二十八日是教師節，利用這兩個跟讀書有關係的日子，拿著學業精進符帶小孩到文昌帝君廟或孔子廟朝拜、過香火，完成後用紅包袋裝之。

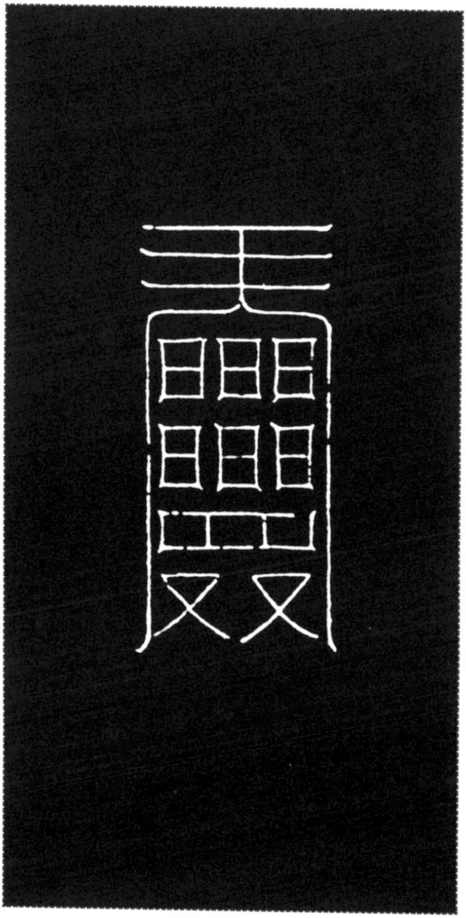

2 考運滿意御守

你的成績是否不理想？你是否名落孫山？擔心考不上理想學校？

御守功能

考生狀元及第符，讓你增強考運的磁場，使你的成績更理想。

〔符已開光、但使用者須過香火〕

使用方法

★考生狀元及第符可放在書桌抽屜。切記！考試的時候要隨身攜帶。

★每年農曆二月初三是文昌帝君生日，國曆九月二十八日是教師節，利用這兩個跟讀書有關係的日子，拿著考生狀元及第符帶小孩到文昌帝

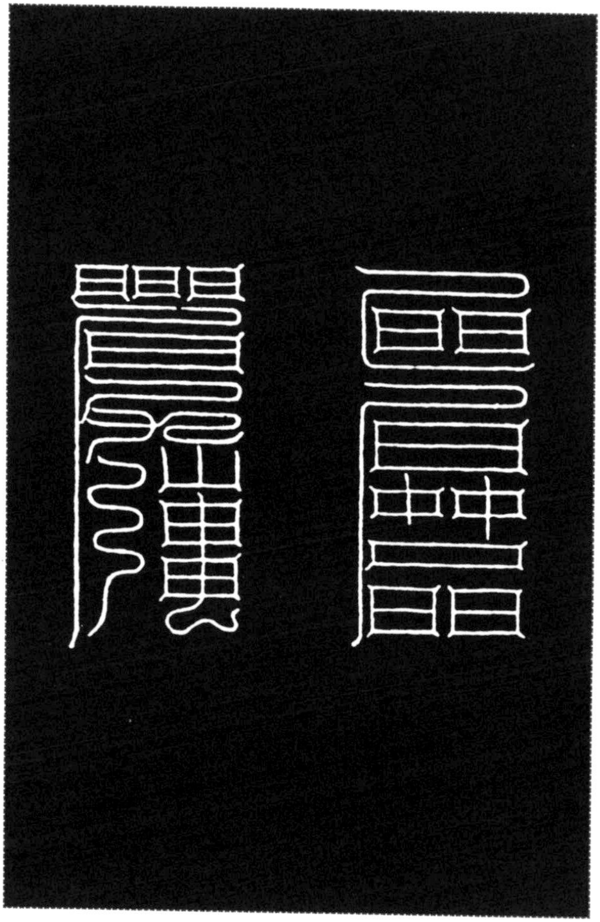

君廟或孔子廟朝拜、過香火，完成後用紅包袋裝之。

巳、身心健康

1 強氣健康御守

你是否常覺得精神、體力不佳？你是不是動不動就常常小感冒？

御守功能

身強體壯符，讓你身強體壯，感冒不再來。

〔符已開光、但使用者須過香火〕

使用方法

★身強體壯符須隨身攜帶。

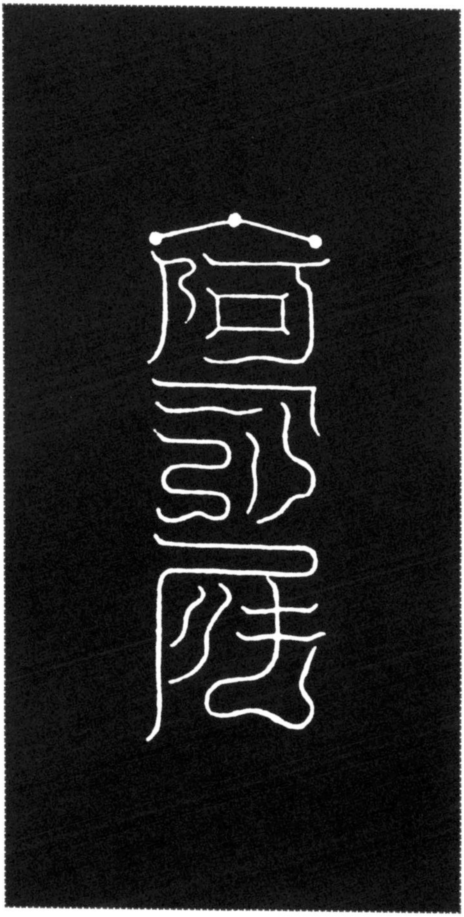

★每月農曆初一日或十五日至住家附近土地公廟，土地公爐過香火，完成後用紅包袋裝之。

2安神調息御守

你是否覺得自己睡眠品質很差？常常半夜起來上廁所、喝水多次，或者一天睡十二小時還是精神不濟？

御守功能

安神調息符，讓你一覺到天亮，讓你一天睡足七小時精神飽滿，精力旺盛。

〔符已開光、但使用者須過香火〕

使用方法

★安神調息符燒化後，滲雜在食物中、水中服之。

★農曆初一日或十五日，於居家睡床祭拜床母過香火。

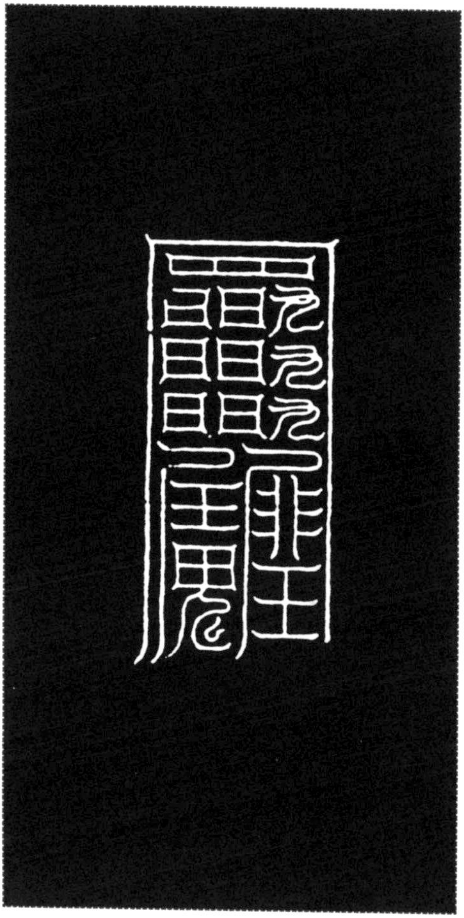

F、趨吉開運

1開運御守

養家糊口的你，是否感覺賺再多的錢，都不夠家庭開支？你是否覺得自己很有才華，但就是得不到上司、長官的欣賞、重用呢？

御守功能

提昇、增加個人運勢符，讓你的財運更加亨通，事業可鴻圖大展。

〔符已開光、但使用者須過香火〕

使用方法

★提昇、增加個人運勢符燒化後，可摻雜在食物中、水中服之。

★農曆初一日或十五日到財神廟過香火。

2保安御守

你是否擔心全家人的健康、平安等問題？

御守功能

全家人保安符，使你全家都健康、平安。

〔符已開光、但使用者須過香火〕

使用方法

★全家保安符貼在出入口大門中央上方。（此符最好男生貼，女人月事來時忌碰觸此符）

★每年大年初一到玉皇大帝廟朝拜，在玉皇大帝的爐過香火。

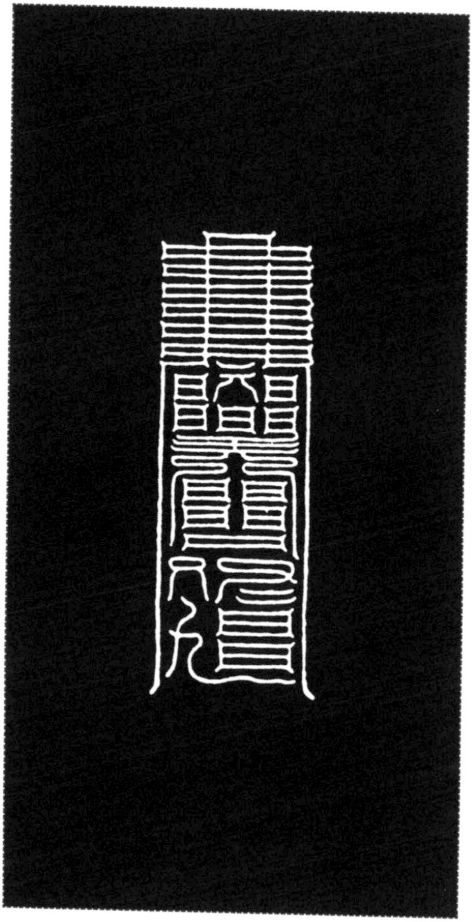

G、避凶剋煞

1交通安全御守

你是否擔心外出騎乘汽機車或者坐船、搭飛機等安全問題？

御守功能

交通安全符，讓你縱使有意外發生，也能將傷害降到最低。

（符已開光、但使用者須過香火）

使用方法

★交通安全符須隨身攜帶。

★每月農曆初一日或十五日到關聖帝君廟朝拜，在關聖帝君的爐過香火，完成後用紅包袋裝之。

2 邪氣鎮守御守

你是否擔心參加喪禮或居家附近有人辦喪事，又或者進出醫院的時候，會卡到陰的呢？

御守功能

治百邪符，讓你參加喪禮或居家附近有人辦喪事，又或者進出醫院的時候，百邪不敢侵擾你，不會卡到陰的。

〔符已開光、但使用者須過香火〕

使用方法

★治百邪符須隨身攜帶。

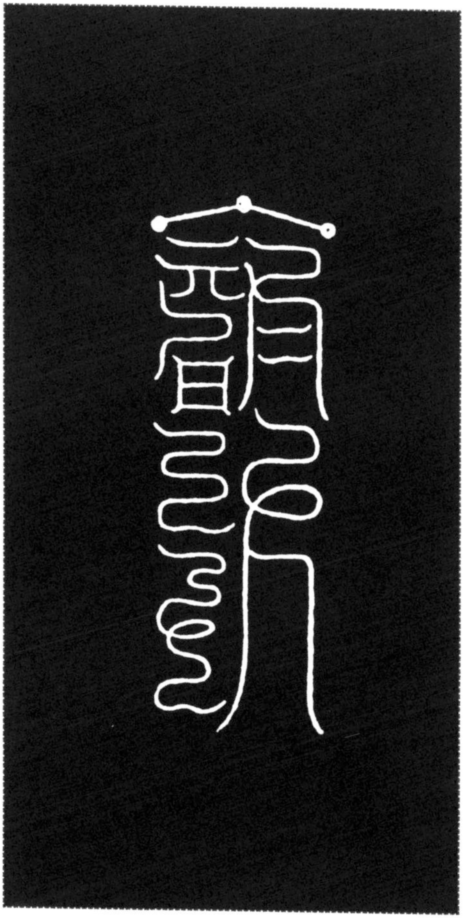

★使用時過香火，任何正神的爐都可以，然後用紅包袋裝之，使用完後於下一個月初一日還願，答謝神恩。

H、人際圓滿

1小人鎮剋御守

最近總有三姑六婆常說你的是非？你是否感到煩腦，不知如何是好呢？

御守功能

斷口舌是非符，使三姑六婆不再說你的是非。

〈符已開光、但使用者須過香火〉

使用方法

★斷口舌是非符燒化後，於晚上9點至11點加水擦身三天。

★使用時過香火，任何正神的爐都可以，然後燒化之。

2貴人結識御守

你是否覺得在遇到困境的時候，都沒有人幫助，而感覺欠缺貴人呢？

御守功能

貴人快現身符，可加強你處處遇貴人的運勢。

〔符已開光、但使用者須過香火〕

使用方法

★貴人快現身符須隨身攜帶。

★每月農曆初一日或十五日至住家附近土地公廟，土地公爐過香火，然後用紅包袋裝之。

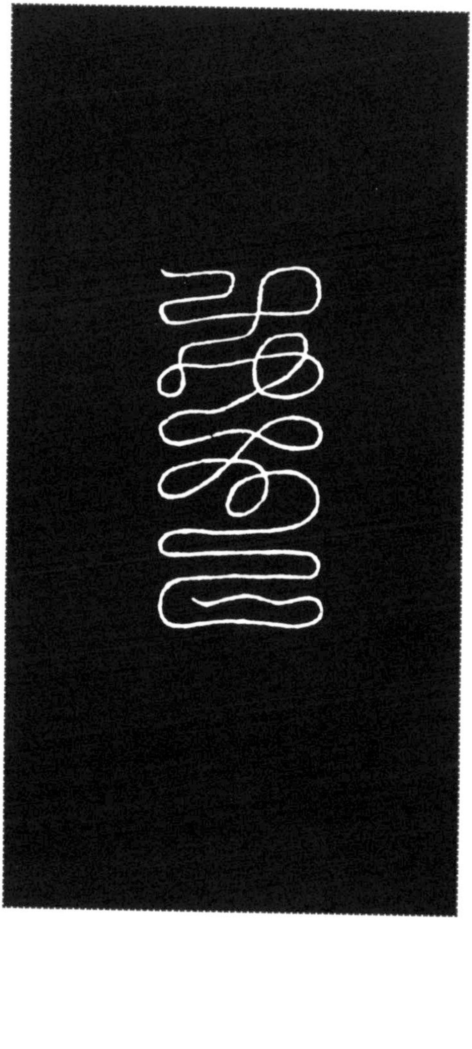

講　座

◇十二生肖姓名學

1. 文字的結構、姓名的架構。
2. 姓名之大運運程分析。
3. 天地人論斷訊息解析。
4. 文字拆解。
5. 文字與生肖之互動關係。
6. 子、丑、寅、卯、辰、巳年出生之姓名吉凶概論。

◇愛情姓名學、磁場姓名學

初期班：

1. 數字篇
2. 五行生剋篇
3. 如何找老闆(貴人方)
4. 如何找合作夥伴
5. 如何選職員(用人方)
6. 人際關係相處之道
7. 秘書篇—如何找到得力助手
8. 探討財富

高級班：

1. 納音姓名學
2. 如何從姓名看流年
3. 如何用姓名趨吉避凶、造命開運
4. 如何取公司名字
5. 婚姻宮—戀愛、訂婚時會發生什麼事
6. 外遇篇—外遇事件如何處理、假象夫妻

◇飛星紫微斗數（初、高、職業班）

教學內容：星性解說，十二宮分析，飛星四化解說

初期班上課內容：

1. 排盤
2. 星性：紫微、天機、太陽、武曲、天同、廉貞
3. 星性：天府、太陰、貪狼、巨門、天相、天梁
4. 星性：七殺、破軍、文昌、文曲、左輔、右弼
5. 星性：天刑、擎羊、陀羅、火星、鈴星、陰煞
6. 星性：地空、地劫、天姚、月馬、天月、祿存、命馬華蓋、紅鸞、天喜、孤辰、寡宿、龍池、鳳閣
7. 雙星組合：紫微天府、紫微貪狼、紫微天相、紫微七殺、紫微破軍、天機太陰、天機巨門、天機天梁、太陽太陰、太陽巨門。
8. 雙星組合：天梁太陽、武曲天府、武曲貪狼、武曲天相、武曲破軍、天同太陰、天同巨門、天同天梁、廉貞天府、廉貞貪狼。
9. 論命宮
10. 論兄弟宮
11. 論夫妻宮

12.論財帛宮

13.如何論斷財、官、情、疾厄、壽及流年、大運的吉凶悔吝。

高級班上班內容：（24堂課）

1.如何論大運、論流年、論流月、論流日。

2.課程以「紫斗、八字、人相」的星、命、相合參應用爲主。

3.秘傳道家的以十二生肖、六十甲子太歲及吉祥、制煞物等的「造命開運」法及「趨吉避凶」法。

4.紫斗「天、地、人、玄」四盤的傳授。八字「算、看、批、通」四法的教導。人相「法眼、天眼通」的訓練。

5.飛星派獨傳改運法，化解命中的災劫。

職業班：跟胡老師身邊做助理半年

飛星派教學與別派不同，教學期間學生提供十張命盤，由胡老師教導如何論段此人命運。不論你上初級班、高級班、職業班皆是學生提供命盤胡老師指導，不怕你來踢館。

◇陽宅學

講座重點：

1.擇日化煞法、催財、催貴。

2.現代風水吉凶論斷之程序與應用

3.景觀風水、住家風水、商業空間之風水應用。

4.羅經之應用與擇日學

5.門、客廳、廚房、睡房、書房擺設注意事項，開運御守

◇奇門遁甲

奇門遁甲初期班：

1.何謂奇門遁甲

2.陰陽五行、天干地支、日令、節氣、五行旺相之用事。

3.奇門遁甲八門用法

4.奇門遁甲九星用法

5.奇門遁甲九神用法

6.陽宅學東西四命之財位吉位

7.科第文昌之佈局

8.吉祥物造命篇

奇門遁甲高級班：

講座重點：

1.催財魔法篇：

（1）燒木炭催財法

（2）敲牆壁催財法

（3）放鞭炮催財法

（4）插花催財法

（5）點香精催財法

（6）吉祥物飾品催財法

（7）七寶石求財法

（8）盆栽聚氣法

（9）風水車催財法

2.造運魔法篇

3.催婚魔法篇

◇擇日學

教學內容：擇吉修造開運妙法

初期班：

以《協紀辨方書》《鰲頭通書》《象吉通書》《古今圖書集成》爲主，輔以「選擇求眞」而達「先天時空人」配全「後天時空人」的造命目的。課程中除詳介「通書便覽」及「三元擇日」的速成法外，並補助民俗節日造命、催財、催官、奇門遁甲制化等秘法。

高級班：

1.巒頭法、理氣法、八宅法、紫白九星法、元運之理論詳述。
2.利用陽宅居家佈局以達財、官、情、貴人、文昌之催化功效。
3.陽宅配合擇日論移徙、入宅、安香、開市、安床、嫁娶等實務及儀式之配合。
4.天（擇日）、地（陽宅風水）、人（四柱八字）、玄（玄神法）綜合運用、理論實務秘法傳授。
5.以陽宅、擇日、奇門遁甲詳介各類「造命」用事之「修造法」講解指導。

◇手相學

1.圖文並茂，內容豐富。包括：掌紋、指紋、掌丘、手形、指相、氣色等。
2.論斷婚姻、戀愛、財富、壽夭、疾病、個性、學業、靈性、事業、災厄等命運現象。
3.論斷實務與技巧。
4.贈送講義及資料。

◇面相學（24堂課）

初期班教學內容：

以《神相全篇》《太清神鑑》《人倫大統賦》等古書爲憑，不過卻以目前時空的人們爲詮釋的對象。講座中除傳授上相（神、氣）、中相（色、骨）、下相（形、位）之外，並以實例講述手相、痣相、心相、體相的合參法。「知人知面又知心」是現代人必備的生活、生存利器，盼各位都能擁有之！

高期班教學內容：

面相十二宮簡介，大運流年
1.別讓氣色透露你的秘密
2.在一個適當的路口轉彎
3.如何增加競爭的能力
4.困境中找出路
5.如何生涯規劃
6.經濟不景氣，如何自我爭氣
7.如何論斷財、官、情、疾厄、子媳、個性、學業
8.獻給企業家們—用人十招

◇西洋占星學

教學內容：星性的分析解說

1.命盤計算的準備
2.時間換算的基本概念
3.行星和其他重要點的位置計算
4.Placidus System的宮位系統計算
5.宮頭位置的更精確計算
6.南緯地區的換算
7.命盤上各種位置的標記
8.黃道十二宮的基本概念
9.後天十二宮的基本概念
10.黃道十二宮的區分
11.符號與神話
12.宮主星
13.四正星
14.基本宮
15.固定宮
16.變動宮
17.三方宮
18.現代占星學上的行星意涵
19.行星的逆行、互容和廟旺陷弱
20.行星的解讀方式
21.行星的影響力及其論斷原則
22.個人的心理與行為的反應
23.個人的環境與事件的肇因
24.行星落入星座的徵象說明
25.宮位的環境制約
26.先後天宮的結合
27.行星落入宮位的徵象說明
28.相位的分類
29.相位的論斷原則
30.相位徵象的說明

備註：

各講座由每年三、六、九、十二月開課。
在台北、中壢、台中、台南有教學教室。
台北、台中等地由胡婕筠老師指導教授，台北、中壢、台南等地由胡山羽老師指導教授。
胡老師的網址：http://home.kimo.com.tw/a341267/

胡山羽命相館
地址：台北市延平南路33號4F
電話：（02）82317309

居家好風水—開運佈置DIY

D6110

著　　者／胡山羽
出 版 者／生智文化事業有限公司
發 行 人／宋宏智
總 編 輯／賴筱彌
企劃編輯／傅紀虹・陳裕升
責任編輯／林淑雯
文字編輯／廖文雅
封面設計・美術編輯／四季工作室
印　　務／黃志賢
協力企劃／貳拾陸工作室・張希洛
登 記 證／局版北市業字第677號
地　　址／台北市新生南路三段88號5樓之6
電　　話／(02)2366-0309
傳　　眞／(02)2366-0310
網　　址／http://www.ycrc.com.tw
E-mail　／shengchih@ycrc.com.tw
印　　刷／鼎易印刷事業股份有限公司
法律顧問／北辰著作權事務所　蕭雄淋律師
郵政劃撥／19735365
戶　　名／葉忠賢
初版一刷／2004年1月
定　　價／新臺幣249元
I S B N：957-818-579-0（平裝）

總 經 銷／揚智文化事業股份有限公司
地　　址／台北市新生南路三段88號5樓之6
電　　話／(02)2366-0309
傳　　眞／(02)2366-0310

國家圖書館出版品預行編目資料

居家好風水 : 開運佈置DIY / 胡山羽◎著.--初版. -- 初版. -- 臺北市 : 生智, 2004 [民 93] 面： 公分 ISBN 957-818-579-0（平裝） 1. 相宅 294.1 92019792